싱글로
가기 위한

실전골프가이드

골프를 즐기고자 하는 모든 독자들에게…

한 연구기관의 조사에 의하면 골프는 인체에 가장 친화력이 높은 운동의 하나라고 한다. 나이가 들어서도 시작할 수 있는 구기 운동은 골프가 거의 유일한 운동이라고 해도 과언이 아니다.

야구나 축구 또는 기타 인기 프로스포츠 선수들도 휴일이나 주말에 취미로 하는 운동은 골프인 경우가 대부분이지만, 골프선수는 취미로 야구나 축구 등을 즐기는 경우가 별로 없이 휴일이나 주말에도 오로지 골프만을 하고있는 점 등이 이를 여실히 증명하고 있다.

우리나라의 가장 대중적인 스포츠의 하나라고 하는 야구의 관중 수가 한 해 500만 명을 넘나들고 있다고 하지만 골프는 관중이 아닌, 스스로 경기를 하는 내장객 수가 이미 오래 전에 2,000만 명을 돌파했다고 하니 통계 수치로도 골프야 말로 실질적인 대중스포츠인 셈이다.

뿐만 아니라 많은 비지니스가 골프로 이루어지고 있어 골프는 건강관리를 겸한 레저스포츠임은 물론, 사업과 대인관계를 위한 사교의 장으로서도 그 역할을 톡톡히 하고 있어 이제 우리나라에서 골프는 누구나 배워두어야 할 레저스포츠로써 점점 그 자리를 확고히 하고 있다.

이 책은 이러한 골프를 처음부터 제대로 배우고 익혀 오래도록 골프를 즐기고자 하는 모든 독자들에게 기초부터 올바르고 유익한 방향을 제시하고자 기획, 편집되었다. 시중에 많은 다양한 골프교본이 있지만 다 읽

고나도 별반 교습에 진전을 못보는 책도 사실 허다하다. 이 책은 이러한 예를 감안하여 골퍼에게 아주 유용한 내용 만을 매 페이지 직접 관련되는 사진 및 그래픽과 함께 원포인트 레슨 형식으로 요점을 정리하여 책을 다 읽은 후라도 라운드 중 필요한 때마다 필요한 항목의 레슨을 그때 그때 선별해 보기 편하도록 편집하였다.

골퍼에게 꼭 필요한 지식들을 이해하기 쉽도록 하는데 중점을 둔 이 책 한 권이면 골프의 모든 것을 마스터할 수 있다고 해도 과언이 아니다.

올바른 골프동작을 몸에 익히기 위해서는 무엇보다 자세의 좋고 나쁨을 파악할 줄 아는 눈이 필요하다. 그러기 위해서는 프로골퍼나 능숙한 골퍼들이 어떤 스윙을 하는 지를 잘 관찰하는 것이 필요하다.

프로나 능숙한 골퍼의 스윙에는 반드시 어떤 공통점이 있다. 예를 들어 백스윙의 톱에서는 어깨가 90도, 허리가 45도 돌아가 있고, 오른발이 단단히 축을 이루고 있다든가 다운스윙에서는 허리를 우선 어드레스의 위치로 되돌리고 상체나 양 팔이 그 움직임에 끌려가듯 움직이는 것으로 파워를 모아 온다든가 하는 공통점이 있는 것이다.

이 책은 독자의 골프 레벨을 일정 단계까지 끌어 올리는 것을 목적으로 하는 바, 이를 위해서 프로나 능숙한 골퍼의 공통적 특징을 파악하고 이해시키고자 하며 이같은 정확한 목표 설정과 연습 만이 빠른 실력향상을 담보할 수 있게 된다는 점을 일러둔다.

아무리 볼을 많이 쳐도 맹목적으로 치는 볼은 자세를 바로 잡지 못하며 실력향상 또한 이룰 수 없다. 이는 경우에 따라서 오히려 나쁜자세가 굳어지는 잘못을 범할 수 있다. 가령 스윙 중 눈을 볼에서 떼지 않으려고 오로지 그것 만을 생각하고 스파르타 연습을 몇 개월 한다고 하자. 그렇게 되면 모든 생각이 볼에 고정된 나머지 백스윙에서 어깨가 충분히 돌아가지 않게 되거나 팔로우스루부터 피니시까지 왼발에 체중이 실려가지 않게 되는 등의 잘못이 생기게 되는 것이다.

이러한 연습은 안 하느니만 못하다. 그러므로 연습은 프로나 능숙한 골퍼의 공통된 특징을 확실히 머리에 넣고 그것을 실제로 흉내내면서 하는 것이 가장 좋다. 이렇게 하면 멀리 돌지 않고 최단거리로 실력향상의 길을 질주할 수 있다.

또한 열 마디의 레슨보다 한 동작의 연속스윙 사진을 보는 것이 훨씬 도움이 될 수 있기 때문에 이 책에서는 책의 머리와 부록에 프로골퍼의 연속스윙을 많이 수록하였다.

프로가 실제로 플레이하는 동작을 자신의 두뇌에 이미지로 입력하는 일이 쉬운 것 만은 아니지만 이 책을 친구로 한다면 어느틈엔가 자신의 스윙이 향상되고 있음을 느낄 것이다.

목 차

머리말 / 2

제 1 부
골프의 기본

제 1 장
골프의 기본지식

골프의 각 요소 **스윙의 명칭 · 클럽의 명칭** / 18

　　　　탄도의 종류 · 홀의 구성 · 비거리의 구분 / 19

골프의 기본 **올바른 어드레스를 위한 순서** / 20

연속스윙 **드라이브샷 · 아이언 샷 · 벙커샷 · 퍼터샷** / 22

제 2 장
골프라는 게임을 이해하자

1.　골프를 오래도록 즐기기 위해
　　나이와 관계없이 비거리를 유지하려면? / 34

2.　이미지한 샷(shot)을 치기 위한
　　타구의 탄도와 구질은 6종류이다 / 36

3.　골프는 '강약의 게임' 이다
　　날리는 것 만이 골프의 전부는 아니다 / 38

4.　남성의 스윙, 여성의 스윙
　　성별은 달라도 스윙은 같다 / 40

제 3 장
내게 맞는 골프를 찾아라

5. 홀의 개념과 핸디캡 **나의 파를 찾아내는 것이 중요하다** / 44
6. 골프는 컨트롤 게임 **비거리를 알고 자신 있는 클럽을 만든다** / 46
7. 멀리 돌지 않기 위한 스텝 **파보다 1오버를 목표로 플레이하자** / 48
8. 확률 높은 골프를 하라 **보기로 돌기 위해서는 170야드만 날리면 된다** / 50
9. 골프는 실수가 출발점 **최종적 평가는 어프로치와 퍼터에 의해서이다** / 52
10. 첫 라운드의 마음가짐 **플레이 한다기보다는 코스를 걷는다는 기분으로** / 54

제 4 장
스윙의 이해

11. 특별한 타법이란 없다 **기본 동작에서 직감 만을 쫓아서는 안 된다** / 58
12. 피니시부터 이해해 보자 **골프는 왼발로 서는 게임이다** / 60
13. 템포와 리듬의 파악법 **천천히 걷는 동작의 리듬으로 스윙연습을 하자** / 62
14. 서서히 훅 볼로 전환 **슬라이스는 '홍역'과 같은 것** / 64
15. 실력향상을 가로막는 불안 요소 **자신의 눈으로 볼 수 없는 톱** / 66

제 5 장
실력향상을 위한 순서와 힌트

16. 초보자가 숙달하기 위한 순서 **모든 클럽으로 부드러운 공을 치자** / 70
17. 몸의 사용법과 힘 주는 법 **드라이버 샷과 어프로치를 동시에 진행하자** / 72
18. 볼을 올리는 것과 굴리는 것의 차이 **볼을 날려올리려 말고 땅볼을 치듯 하라** / 74
19. 연습시간이 없는 초보자를 위한 효과적인 연습과 순서
    스푼, 5번 아이언,어프로치 3가지를 중점적으로 / 76
20. 드로우 볼을 치기 위해서는 **인사이드 아웃 궤도로 훅을 친다** / 78

제 6 장
세트업과 그립에 대해서

21. 어드레스의 자세 **의자에서 등을 펴고 서서 가볍게 앞으로 숙인다** / 82

22. 어드레스하는 순서 **순서가 틀리면 볼은 똑바로 날지 않는다** / 84

23. 볼의 위치 **클럽이 짧아지면 볼도 속으로 넣는다?** / 86

24. 스퀘어 그립을 몸에 익히자 **골프를 오래 즐길 수 있는 그립은 하나다** / 88

25. 스퀘어 그립의 오해 **너클이 2개 보이는가** / 90

26. 스퀘어(square)한 세트업이 기본 **세트업은 4종류가 있다** / 92

제 7 장
스윙을 마스터하자.

백스윙에 대하여

27. 파워를 만들어내기 위해서 **몸은 '돌리는' 것이 아니고 '비트는' 것** / 96

28. 가로와 세로의 움직임을 하나로 **'휘둘러 올리는' 의미를 이해하자** / 98

29. 백스윙에의 오른발 역할 **오른쪽 엄지를 눌러 두면 무릎은 달아나지 않는다** / 100

톱 오브 스윙이란

30. 정확한 톱의 위치를 알고 있는가 **샤프트를 비구선에 대해서 수평으로** / 102

31. 정확한 톱의 형태를 알기 위해 **톱에서 멈추면 안 된다는 법칙은 없다** / 104

32. 정확한 톱을 익히는 연습 방법 **오른손 하나로 샤프트가 수평이 되는 톱을** / 106

33. 체중 이동을 익히는 연습 방법 **톱은 오른발, 피니시는 왼발로 선다** / 108

다운스윙에서 피니시로

34. 백스윙은 좋은데 실수를 하는 이유 **제대로 쳐내겠다는 욕심을 버린다** / 110

35. 오른손으로 치는 정확한 의미를 알자

왼팔이 움츠러들기 때문에 오른팔이 펴져서 나쁜 요인이 된다 / 114

37. 아웃사이드 인 궤도의 2종류 **열어치면 슬라이스, 닫아치면 훅** / 116

38. 훅파인가 슬라이스파인가 **피니시에서 스윙 궤도를 관리한다** / 118

39. 좋은 스윙연습을 실전으로 연결시키기 위해서

　　미스를 해도 피니시를 취하는 습관을 / 120

제 8 장
클럽별 샷의 키포인트

40. 드라이버 샷에 강해지는 비결 **드라이버로 어프로치해 보자** / 124

41. 아이언 샷의 게임 플랜 **핀을 노리는 것보다도 프론트 에지를 노려 가자** / 126

42. 손의 뒤집기를 익히는 연습 방법

　　오른손을 왼쪽 옆구리에 끼우고 왼팔만으로 휘둘러본다 / 128

43. 아이언의 비거리를 알기 위해서

　　걸기 쉬운 피칭 웨지와 9번 아이언의 연습을 중점적으로 / 130

44. 스코어를 줄이는 멘탈 컨트롤

　　마이너스 발언은 삼가고 또 한 명의 자신을 이긴다 / 132

45. 아이언으로 그린 샷의 연습 **콘크리트 위에서라도 칠 수 있도록** / 134

제 9 장
어프로치에 강해지자

46. 어프로치의 기본 **깃발 길이의 러닝부터 시작한다** / 138

47. 어프로치의 기본을 마스터하는 방법 **피칭웨지로 낮게 쳐낸다** / 140

48. 우선 스퀘어 스탠스로 쳐 보자

　　다음에 볼의 위치를 바뀌어 비구선의 차이를 안다 / 142

49. 50야드 이내의 어프로치에 강해지는 순서

백스윙의 크기로 거리차를 낸다 / 144

50. 50야드 이내의 어프로치에 강해지는 방법

멈추는 타법을 알고 나서 휘둘러 빼 내 본다 / 146

51. 시종 왼쪽 체중으로 스윙하는 연습방법

오른발을 들어 발끝으로 선 자세에서 쳐본다 / 148

52. 코스에서의 어프로치 **상황에 맞는 어프로치를 이미지해 본다** / 150

53. 샌드웨지의 사용은 피한다 **안전한 피칭웨지로 컨트롤** / 152

54. 거리감의 차질이 생기는 이유

너무 짧게 쥐면 클럽의 밸런스가 무너진다 / 154

55. 벙커 샷의 사고 방식 **임팩트가 볼의 바로 앞이라고 생각한다** / 156

56. 벙커 샷의 기본 **익스플로전은 어깨의 회전으로 휘둘러 빼 낸다** / 158

57. 벙커 샷에서의 주의점 **무거운 모래에서는 피칭웨지가 좋다** / 160

58. 트러블 샷의 대처법

달걀 노른자와 러프는 콕을 빠르게 해서 예각으로 쳐넣는다 / 162

제 10 장
또 하나의 게임 퍼팅

59. 퍼팅의 어드레스 **드라이버와 같이 자세를 높게 해서 준비한다** / 166

60. 좋은 '느낌'을 파악하는 방법

임팩트에서 멈춰 구르는 거리를 알 것 / 168

61. 아이디어 연습법 **볼에 색을 칠해서 구르기를 체크한다** / 170

62. 퍼팅의 진리 **컵의 바로 앞에 멈추는 집중력을 기르자** / 172

제 2 부
실전 골프교실

제 1 장
스윙의 기본을 알자

아마추어가 범하기 쉬운 '3대 결점'

63. 1. 그립(grip)의 V자는 **오른쪽 뺨부터 오른쪽 어깨 사이** / 178

64. 2. 톱에서 페이스 방향의 잘못

　　　톱에서 페이스의 방향은 45° 위 쪽을 향한다 / 180

65. 3. 팔로스루부터 피니시까지 왼팔의 사용법 **왼쪽 팔꿈치는 몸의 폭 안으로** / 182

66. 이상적 그립 **자연스런 손으로 쥐는 것이 이상적인 그립을 만든다** / 184

67. 그립엔드의 방향에 주의하자

　　　그립의 끝은 버클과 왼쪽 포켓의 중간 / 186

68. 이상적인 그립에 대하여

　　　왼손 중지,약지,새끼 3손가락으로 단단히 쥔다 / 188

69. 살아있는 그립이란? **왼손의 새끼 손가락, 약지, 중지 만으로**

　　　클럽헤드의 무게를 느낀다 / 190

70. 볼의 위치 **클럽이 짧아짐에 따라서 오른쪽으로 이동한다** / 192

71. 스탠스의 기본

　　　양 무릎, 양 어깨, 양 허리 전부를 비구선과 평행하게 자세를 취한다 / 194

72. 클럽별 백스윙의 크기 **등의 시계로 톱의 크기를 상정한다** / 196

73. 몸의 회전 연습 **벽을 이용해서 몸의 회전을 익힌다** / 198

74. 톱과 피니시의 회전 감각

　　　벨트를 수평으로 돌려서 톱과 피니시를 익힌다 / 200

75. 클럽을 휘두르는 감각 연습
타올의 끝을 묶어서 정확한 스윙을 익힌다 / 202

76. 정확한 손의 사용법 **어프로치 체조로 감각을 익힌다** / 204

77. 스윙크기의 비율 **백스윙과 피니시의 비율은 3대 2** / 206

78. 정확한 백 스윙을 익히기 위한 연습
볼을 던지려고 하고 있는 상태가 톱에서의 우측 팔꿈치의 모양 / 208

79. 다운스윙의 스타트
허리를 어드레스로 되돌리려는 셈으로 다운스윙을 시작한다 / 210

80. 다운 스윙에서 **양어깨를 비구선과 평행히 하면 '벽'이 생긴다** / 212

81. '스윙' 타법 **패스스루해야만 헤드스피드를 얻을 수 있다** / 214

82. 헤드의 스윙 **문창호지를 찢지 않는 손의 움직임으로** / 216

83. 피니시의 밸런스 **체중이 왼발에 실린 밸런스 좋은 피니시** / 218

제 2 장
트러블 샷 공략법

84. 런의 공략법 **볼이 떠 있을 때는 우드가 좋을 수도 있다** / 220

85. 볼이 반만 잔디 속에 가라앉아 있는 상황
클럽을 짧게 쥐고 예각으로 휘둘러 올린다 / 222

86. 볼이 전부 잔디 속으로 숨어 있는 상황
볼을 직접 히트하듯 쳐 나가 주는 것이 효과적 / 224

87. 숲 속으로 들어갔을 때의 대처법
성공률이 60% 이하라면 작전을 다시 짜라 / 226

88. 숲 속의 라이 **낮은 볼로 나무와 나무 사이를 빠져 나간다** / 228

89. 나무 뿌리에 볼이 있을 때는 **거리 욕심을 버리고 탈출만을 생각한다** / 230

90. 백 스윙에서 나무가 방해가 된다면 **안전한 지대로의 탈출을 먼저** / 232

91. 팔로우스루에서 수목이 방해될 때

큰 스윙을 피하거나 방향을 바꿔 탈출한다 / 234

92. 왼발 오르막에서의 샷

왼쪽 무릎을 구부리고 콤팩트하게 휘두른다 / 236

93. 왼발 내리막에서의 샷 **머리를 움직이지 않고 손치기의 느낌으로** / 238

94. 발끝 오르막의 샷 **직립하듯 서서 털어버리듯 흔든다** / 240

95. 발끝 내리막의 샷 **허리를 낮추어 밸런스를 잡는다** / 242

96. 페어웨이 벙커에서의 샷 1

볼의 라이와 턱의 높이로 클럽을 결정하라 / 244

97. 페어웨이 벙커에서의 샷 2

힘이 약한 사람은 롱아이언보다 페어웨이 우드를 / 246

98. 페어웨이 벙커에서의 샷 3

안정된 발판을 만들어 축을 움직이지 않는다 / 248

99. 디보트 자국에 볼이 끼어있을 때

콤팩트한 예각 타법으로 과감히 휘두른다 / 250

100. 나무나 숲을 넘기려면 **시선을 높은 곳으로 향하고 하이 피니시** / 252

101. 수목의 가지 밑을 통과하려면

핸드퍼스트 자세를 취하고 피니시는 낮게 / 254

102. 가드벙커로부터의 탈출 1 **우선은 그린의 한가운데에 얹어 두자** / 256

103. 가드벙커로부터의 탈출 2

알파벳 'A자'로 자세를 취하고 페어웨이의 3배 힘으로 친다 / 258

104. 계란 노른자 샷 **클럽헤드를 깊이 들어가게 한다** / 260

105. 경사가 급한 왼발 오르막의 샷 **헤드스피드를 빠르게 한다** / 262

106. 왼발 내리막의 벙커 샷 **목덜미를 어드레스의 위치로 유지한다** / 264

107. 사이드힐 라이의 벙커샷 **인사이드 아웃의 타법으로 '뒤땅'을 피하라** / 266

108. 발끝 내리막의 벙커 샷 **허리를 낮춘 자세의 손치기 샷** / 268

109. 왼발 오르막의 벙커 샷 **안정된 발판을 만들어 예각적 스윙으로 탈출** / 270

110. 양발이 벙커 가장자리의 잔디를 밟는 샷

　　　발돋움에 주의하고 팔의 스윙만으로 친다 / 272

111. 핀이 가까운 벙커에서의 칩샷 **러닝 어프로치가 효과적인 탈출법** / 274

112. 볼이 러프 위에 떠 있는 경우의 샷

　　　클럽을 치켜올려 볼과 잔디를 함께 후려친다 / 276

113. 그린 주변 러프에서의 샷 **셧 페이스로 볼의 하부에** / 278

114. 베어그라운드의 샷 **로프트가 적은 클럽으로 굴려나간다** / 280

115. 계곡 바닥에서의 샷 **시선을 높은 그린으로 향하고 볏단을 자르듯이** / 282

116. 높은 곳에서 낮은 곳으로의 샷

　　　헤드업에 주의하며 경사면을 따라 팔로우스루를 취한다 / 284

117. 벙커 가장자리 러프에서의 샷

　　　스퀘어한 세트업으로 볼의 하부에 쳐 넣는다 / 286

제 3 장
실전을 위한 응용기술

118. 어드레스의 체크 포인트

　　　팔은 수직으로 내리고 오른쪽 어깨를 낮춘다 / 290

119. 초보자의 연습 메뉴

　　　기본형의 반복으로 170야드 날면 OK / 292

120. 애버리지 골퍼의 연습 메뉴

　　　공줄기와 스윙의 습관을 파악해 둔다 / 294

121. 로핸디의 연습 메뉴 **좌우의 나눠치기와 3종류의 어프로치** / 296

122. 미들 아이언의 활용 **페어웨이의 주역은 5번 아이언** / 298

123. 5번 아이언의 어드레스

　　　준비 자세도 드라이버와 쇼트 아이언의 중간 / 300

124. 임팩트의 환상!? **'펀치'를 가하는 것은 물리적으로 불가능** / 302

125. 연못 넘기기를 기피하는 의식을 극복하는 방법

　　　연못에 눈이 가면 볼도 연못에 빨려 들어간다 / 304

126. 완전히 칠 수 없는 퍼트의 원인

　　　시선을 컵 맞은 쪽으로 맞춘다 / 306

127. 능숙한 탈력을 위한 드릴

　　　손가락 끝에 피가 모이도록 '탈력'해서 좌우로 휘두른다 / 308

128. 몸의 회전축은 우측 사이드

　　　좌측 사이드를 축으로 하면 오른쪽 어깨가 앞으로 나온다 / 310

129. 3종류의 어프로치와 어드레스

　　　손의 위치가 왼쪽일수록 낮은 타구가 된다 / 312

130. 연습 그린에서의 순서 **짧은 거리에서 우선 페이스의 방향을 체크** / 314

부록

1. 골퍼가 꼭 알아두어야 할 에티켓과 매너 / 318

2. 이종병 프로골퍼의 연속스윙 화보 / 336

제 1 부

골프의 기본

젊은 시절에는 젊음에 의지해 클럽을 휘두르며
그럭 저럭 스코어를 낼 수 있지만
나이를 먹어감에 따라 젊은 때만큼
몸이 말을 듣지 않게 되면 어느순간
자신도 모르게 위축되는 골프가 되어버릴 수 있다.
그러므로 골프는 기본을 충실히 해야만
나이가 들어서도 오래도록
골프를 즐길 수 있다.

제 1 장

골프의 기본지식

골프의 각 요소

스윙의 명칭

12
톱 오브 스윙(top of swing)

백스윙(back swing)

9

3

다운스윙
(down swing)

팔로우스루
(follow through)

어드레스(address) 6 임팩트 (impact)

클럽의 명칭

샤프트(shaft)

그립(grip)

헤드(head)

토우(toe)

힐(heel)

솔(sole)

페이스(face)

탄도의 종류

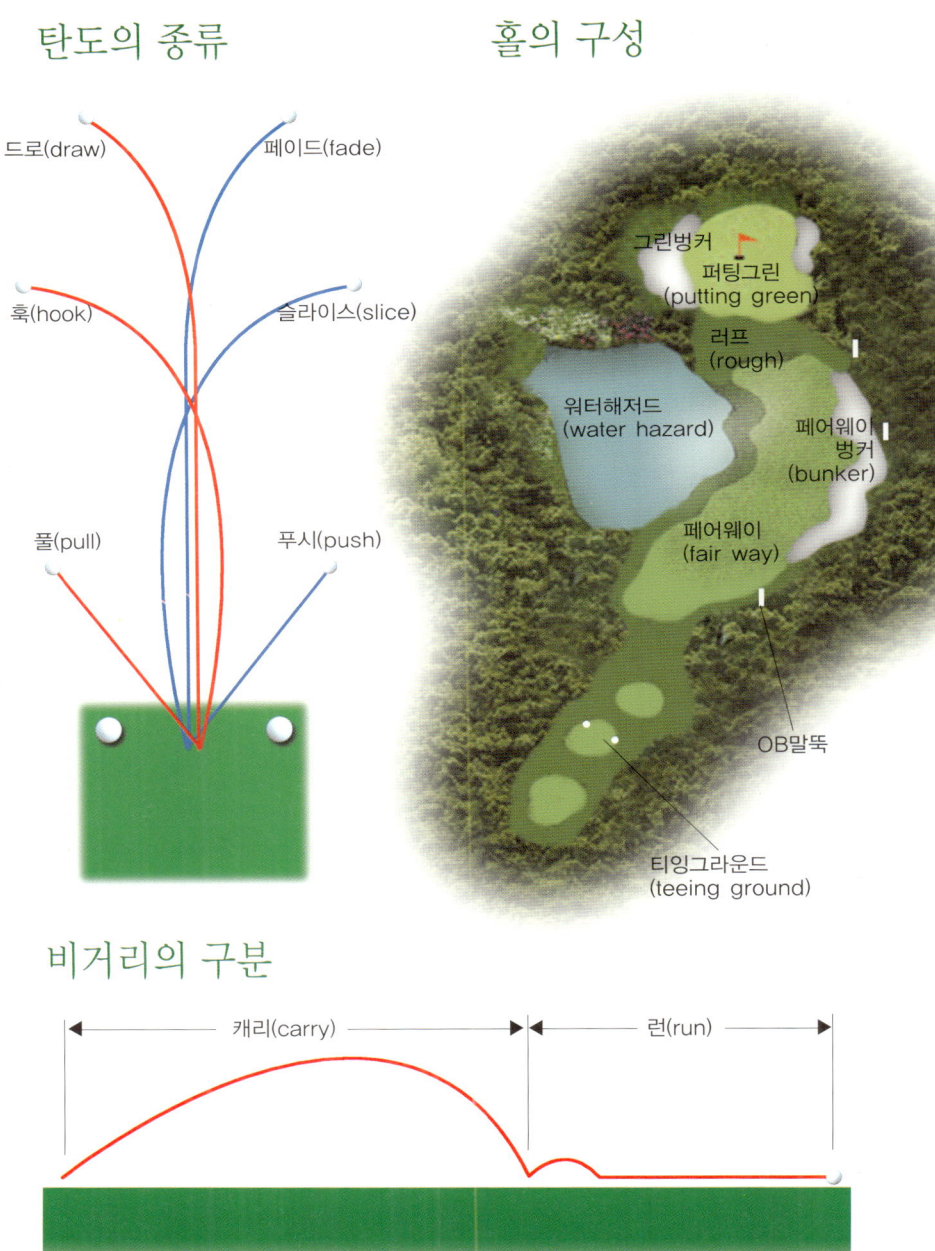

드로(draw) 페이드(fade)

훅(hook) 슬라이스(slice)

풀(pull) 푸시(push)

홀의 구성

그린벙커
퍼팅그린
(putting green)

러프
(rough)

워터해저드
(water hazard)

페어웨이
벙커
(bunker)

페어웨이
(fair way)

OB말뚝

티잉그라운드
(teeing ground)

비거리의 구분

캐리(carry) 런(run)

1 목표방향을 확실히 정하고 비구선을 이미지한다.

볼 뒤에 서서 볼을 떨어뜨리고자 하는 지점을 정한 후 비구선을 확실히 이미지하고 이에 평행된 자세로 어드레스 한다.

올바른 어드레스를 위해서는
항상 같은 방법과 순서로
자세를 취하는 습관이 필요하다.

올바른 어드레스를 위해서는 자세를 취하는 순서가 매우 중요하다.

프로조차도 이러한 어드레스 동작을 위해 이 순서를 착실히 밟아 샷하고 있다.

연습장에서 볼을 칠 때도 1타 1타 올바른 어드레스 순서를 반복하면서 항상 같은 방법

으로 들어가도록 습관들이면 미스샷이 훨씬 적어질 것이다.

그러므로 이 순서를 확실히 익혀두는 것이 좋다.

2 목표에 대해서 클럽페이스를 직각으로 맞춘다. 볼 1~2m 앞의 비구선 상에 뭔가의 목표를 정하고 그 목표에 대해서 클럽페이스를 직각으로 맞춘다.

3 클럽과 몸의 간격을 측정해서 왼발의 위치를 정한다. 먼저 양 발을 가지런히 모으고 서서 볼과 몸의 간격을 측정한다. 그리고 발 뒤꿈치의 연장선 상에 볼이 오도록 왼발의 위치를 정한다.

4 비구선에 대해서 스퀘어인지를 최종 체크한다. 스탠스가 결정되면 최종적으로 다시한번 양 발, 허리, 어깨의 라인이 스퀘어가 되어있는지 확인한 후 어깨의 힘을 빼고 자연스러운 어드레스 동작을 취한다.

여기에서 소개하는 어드레스 동작은 모든 클럽에 적용되는 것이지만 사진의 볼 위치는 드라이버의 경우를 예로 한 것이다.

드라이브샷

역대 PGA투어 프로들을 보면 드라이브샷을 잘치는 선수가 대부분 상위권을 차지해왔다. 그만큼 드라이브샷은 중요한 샷이라고 할 수 있다. 드라이버는 샤프트의 길이가 골프채 중가장 길기 때문에 드라이브샷은 가급적 완만하게 치는 것이 좋다.

완만한 스윙을 하기 위해서는 무릎을 꿇고 스윙연습을 하는 것도 좋다.

골프황제 타이거 우즈는 '무릎을 꿇고서도 300야드를 보낼 수 있다'고 말한바 있다.

drive shot

아이언 샷

드라이브샷은 그런대로 치면서 아이언 샷은 의외로 짧은 골퍼가 있다. 여러 이유가 있을 수 있겠지만 이는 대부분 뒤땅을 치기 때문이다.

뒤땅을 친다는 것은 디보트 자국이 공 앞 쪽에 나야 하는데 반대로 공 뒤 쪽에 생긴다는 것이므로 기대한 만큼 거리가 나지 않는 것은 당연한 것이 된다.

그리고 아마추어들은 롱 아이언의 그립을 쇼트 아이언보다 훨씬 강하게 잡는 경우가 많지만 그립을 있는 힘껏 잡고 세게 스윙할 수록 비거리는 거꾸로 줄어든다.

높은 탄도의 공을 치고 싶다고 아이언으로 퍼올려치면 정반대로 떼굴떼굴 굴러가는 '쪼로'가 나고 만다.

그립도, 스윙 템포도 '부드럽게' 하는 것이 롱아이언 샷의 첫째 조건이다. 그래야 클럽 샤프트가 충분히 돌아가면서 원심력을 최대한 활용하는 샷이 가능하다.

iron shot

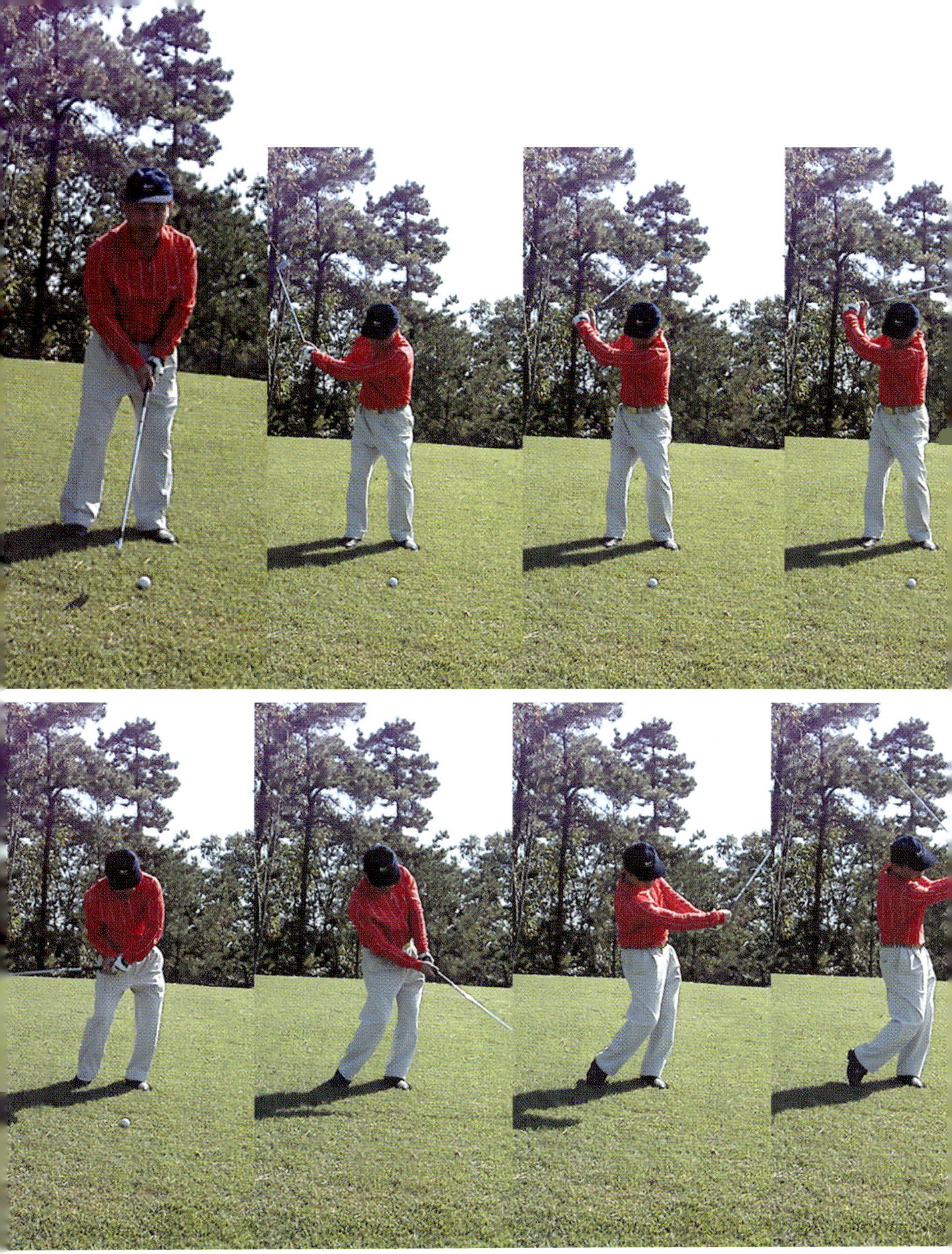

iron shot

bunker shot

벙커샷

벙커샷의 큰 특징은 스윙을 하는 동안 몸의 축이 움직이지 않아야 한다는 것이다. 몸의 축이 움직이지 않아야 클럽헤드가 모래에 들어가는 위치가 항상 일정해지며 스윙의 크기에 따라서 거리를 조절할 수 있게 된다.

또한 손목 기술의 사용에 있어 업라이트(수직에 가깝게)로 테이크백 하고 톱부터 다운스윙까지 날카롭게 휘둘러내려야 한다.

그리고 큰 팔로우스루가 방향성을 안정시킨다는 점에도 주목할 필요가 있다.

피니시의 포인트는 부드러운 상반신을 정확하게 회전시켜 허리가 핀을 향하게 하는 것이다.

putter shot

퍼터샷

시계의 추와 같이 퍼터를 스트로크하는 것이 퍼트의 기본. 목줄기를 중심으로 해서 어깨의 회전으로 퍼터헤드를 추와 같이 스트로크 해준다. 퍼팅은 골프의 스윙가운데 가장 작은 스윙이지만 다른 샷과 마찬가지로 손 만으로 볼을 치지않도록 하는 것이 중요하다. 거리에 따라서 스트로크의 크기를 정하고 손목을 사용하지 않고 어깨의 회전으로 움직이고 임팩트 후 팔로우스루를 똑바로 확실하게 내민다. 이것이 올바른 방향성의 볼을 만드는 첩경이다.

원포인트 어드바이스

컵 인의 확률을 높이는 퍼팅의 기초지식

컵 인의 소리를 들을 때까지 머리를 들지 않는다. 볼부터 컵까지의 거리가 가까울수록 빨리 결과를 보고싶어 무의식 중에 머리를 움직여버리기 쉽다. 하지만 머리를 움직이면 몸이 움직여서 스트로크의 방향이 변해버린다. 이렇게 되면 컵 인의 확률도 떨어지기 마련이다. 따라서 이런 습관이 있는 골퍼는 볼이 컵에 들어갈 때까지 절대로 머리를 들지않겠다는 생각을 잊지말아야 한다.

잔디의 순결과 역결을 파악한다

볼의 진행 방향으로 잔디가 나 있는 것을 파악했다면 이것은 순결이다. 반대로 잔디결이 자신에게로 향하고 있다면 역결이다. 같은 힘으로 친다해도 역결은 공의 진행을 방해하기 쉽다.
순결과 역결을 파악하는 쉬운 방법은, 그린 전체를 바라보았을 때 밝은 부분과 짙은 부분이 있는데 빛이 반사되어 밝게 보이는 부분이 순결이고 짙게 보이는 부분이 역결이다. 잔디의 결을 정확히 읽는 것은 프로라도 쉽지않으므로 처음에는 이 순결과 역결의 구별 정도부터 시작한다.

올바른 몸 비틀기로 파워를 축적한다
무릎보다 허리, 허리보다 어깨, 어깨보
다 팔이 크게 비틀려야만 파워가 늘어
난다. 삼각형은 무너뜨리지 않고 오른
발의 안 쪽에서 체중을 지탱한다.

제 2 장

골프라는 게임을
이해하자

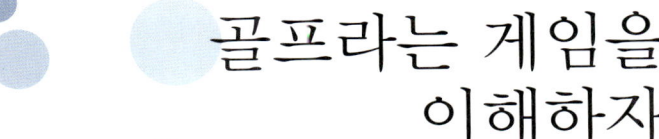

나이와 관계없이 비거리를 유지하려면?

어느 운동보다도 그것을 즐길 수 있는 기간이 긴 운동의 하나가 바로 골프이다. 하지만 젊었을 때부터 골프를 한 골퍼의 경우, 젊은 시절에는 젊음에 의지해 클럽을 휘두르며 그럭저럭 스코어를 낼 수 있었지만 나이를 먹어감에 따라 젊은 때만큼 몸이 말을 듣지 않게 되면 어느순간 자신도 모르게 위축되는 골프가 되어버릴 수 있다.

이래서는 제대로 골프를 즐길 수 없게 된다.

그렇다고 실망할 필요는 없다. 비록 20, 30대의 파워는 없을지 몰라도 그동안 쌓아온 경험과 노하우를 살려서 젊은시절에 맛보지 못했던 노련한 경기와 묘미를 느낄 수 있는 운동이 또한 골프이기 때문이다.

그러기 위해서는 역시 기본이 중요하다. 무엇을 어떻게 하면 좋은가 하는 기본동작의 원리를 알고 있는가와, 스윙에서 얼마나 기본에 충실하게 몸을 움직이고 있는가에 따라서 오래도록 골프를 즐길 수 있느냐 없느냐가 결정된다. 기본의 습득과정은 재미있는 것이 아닐지도 모르지만 나이를 먹음에 따라서 그 필요성을 통감하게 되므로 처음에 다소 어렵더라도 정도를 걷는 것이 곧 올바른 '골프인생'을 걸을 수 있는 첩경이며 이것이 바로 골프를 '인생의 축도'라고 하는 이유이다.

골퍼는 연령에 관계없이 '제대로 날리고, 좋은 스코어로 돌고 싶다'고 하는 소망을 누구나 가지고 있다. 하지만 '형태에 구애받지 않고 하고싶은 대로 한다'는 것은 불필요한 고집일 뿐더러 이는 기본기가 있는 가운데 연구의 축적에 의해서만 생길 수 있는 개성이다.

'어떻게 하면 좀 더 날릴 수 있을까' '어떻게 하면 나이와 상관없이 파

어느 운동보다도 오래 할 수 있는 운동인 골프를 나이와 상관없이 제대로 즐기기 위해서는 기본을 충실히 해야만 한다.

워를 유지할 수 있을까'에 대한 대답은 바로 '기본이 있느냐 없느냐'에 달려 있다. 일시적으로 눈 앞의 현혹되는 기술을 쫓지 않고 기본을 착실히 마스터해 나가는 중에 자신을 알게되고 자신에 맞게 움직이는 방법도 제대로 알게 되는 것이다.

이미지한 샷(shot)을 치기 위한
타구의 탄도와 구질은 6종류

골프 게임을 좌우하는 타구의 탄도나 구질을 크게 나누면 슬라이스볼, 훅볼, 높은 볼, 낮은 볼, 그리고 강한 볼, 부드러운 볼의 6종류로 나눌 수 있다.

상황에 따라서 필요로 하는 샷은 이 6종류 중의 어느 것이다.

6종류의 샷을 칠 수 없으면 게임을 완전하게 진행시킬 수 없으며 스코어를 망치는 것 역시 마음과는 상반된 샷 때문이다. 때문에 자신이 그린 이미지대로 샷을 칠 수 있다면 100점 만점이라고 할 수 있다. 대부분의 사람은 슬라이스(slice)이지만 의도적인 훅(hook)도 칠 수 있어야 좌우의 균형이 잡힌다.

볼의 높고 낮음은 사람에 따라 달라서 높은 탄도의 사람. 반대로 볼이 올라가지 않는 사람도 있으므로 자신이 약한 부분을 마스터함으로서 고저의 조화를 꾀해야 한다. 누구나 처음에 강하게 칠 수는 있지만 부드럽게 치는 것은 잘 안 된다. '풀샷이니까 강하게 쳐야만 한다'고 말한다면 아직 골프를 잘 모르는 것이다. 어떤 클럽이라도 강하게 혹은 부드럽게 강약을 조절해가며 칠 수 있도록 해야한다.

또한 이미지 샷 가운데 '스트레이트볼'은 없다. 훅 또는 슬라이스를 치려고 한 것이 똑바로 가는 경우는 있지만 처음부터 스트레이트로 치려고는 생각하면 되지 않는다. 일직선의 샷은 치려고 한다고 해서 칠 수 있는 것이 아니기 때문이다.

그런데 대부분의 사람이 스트레이트라고 하는 환상의 샷을 치려고 한다. 골프를 매우 어렵게 하고 있는 것이다. 그보다는 6종류 중의 어느 공

High

Hook

Slice

상황에 따라서 6 종류의 볼을
적절히 사용한다.

Soft

Strong

Low

을 치느냐 라고 하는 것을 확실히 하는 것이 정석이다. 이렇게 하면 미스
했을 경우라도 원인을 빨리 찾아 낼 수 있고 어떤 연습을 하면 좋을지도
알 수 있어 오래 고민하지 않아도 된다.

골프는 '강약의 게임'이다
날리는 것 만이 골프의 전부는 아니다

골프는 날리는 것만이 전부가 아니다. 14개 이내의 클럽을 사용해서 가능한 한 기준 타수, 즉 파(par)에 근접시키는 게임이다. 물론 프로 골퍼라면 오히려 기준타수보다도 적은 언더파(under par)를 칠 수도 있는 일이지만 아마추어 골퍼에게 그런 스코어를 기대한다는 것은 어려운 일이다.

드라이버(driver)로 장타를 날려 홀컵에 근접한 샷을 해냈다면 그렇지 않은 경우보다 훨씬 유리한 것은 사실이다. 하지만 드라이버로 우연히 큰 히트를 쳤다해도 아이언(iron)으로 여러번 중복된 샷을 치고 말았다거나 50센티의 퍼트(putt)를 미스한다든지 하면 모처럼의 좋은 드라이브샷이 아무 소용이 없게 된다.

타깃을 차츰 좁혀가서 마지막에 홀 컵에 볼을 넣는 것이 골프다. 이 때까지 몇 타를 소비했는 지가 관건이며 스코어메이크라고 하는 관점에서 골프는 강약의 게임이라고 말할 수 있을 것이다.

샷의 강약에 밸런스가 잡혀 있는 사람일수록 스코어도 좋아진다.

그러나 그러한 경우라 할 지라도 자칫 어느 쪽인가가 문제로 대두되기 쉽다. 강한 샷에는 탄도가 구부러진다고 하는 과제가, 약한 샷에는 델리케이트한 터치가 요구되는 것이다.

드라이버로 몇 미터를 날렸느니, 세컨샷을 몇 번 클럽으로 쳤다느니하는 대화를 흔히 듣는다. 장쾌한 드라이브 샷은 확실히 큰 만족감을 주는 매력이 있지만 스코어에 반영되어야만 비로소 올바른 만족감을 가질 수 있는 것이 아닐까?

큰 움직임을 해야 하는
드라이브 샷부터
작은 움직임을 하는 퍼팅까지
골프는 끊임없이
강약을 요구하는 게임.

남성의 스윙, 여성의 스윙
성별은 달라도 스윙은 같다

골프의 스윙에 남성용, 여성용의 구별은 없다.

스윙은 하나이다. 차이가 있다고 하면 스윙의 스피드. 임팩트(impact)의 세기와 이로 인한 비거리의 차이일 것이다.

남성과 여성의 힘의 차이는 하는 수 없지만 여성이라도 남자 프로 못지 않은 파워를 갖는 것 역시 가능하다. 물론 그 나름대로의 트레이닝은 쌓아야 하겠지만 여성이라고 해서 장타를 날리기 위한 특별한 스윙을 할 필요는 없다. 오히려 스윙의 템포와 리듬이 더욱 중요하다. 실제로 여성 프로골퍼가 스윙을 하는 경우 힘들이지 않고 천천히 휘두르고 있는 것같이 보여지는 데도 상당한 장타를 내는 것을 많이 보게 된다.

외관상으로 보아 별로 힘이 없어보이는 여성이 이렇게 긴 비거리가 난다고 하는 것은 '스윙을 위한 몸의 비틀기'에 낭비가 없고 회전에서 생기는 파워가 클럽 헤드에 집중해 있음을 증명해준다. 백 스윙(back swing)은 어떻게 해야하고 톱 오브 스윙(top of the swing)이란 어떤 것인가를 정확히 이해함으로써 각자가 갖고 있는 힘을 낭비없이 효율적으로 클럽 헤드에 집중함으로써 비거리를 낼 수 있는 것이다.

남성이나 여성이나 오른발의 위까지 왼쪽 어깨를 돌려서 클럽이 비구선과 평행되게 하고 수평이 되는 위치에 멈추는 톱 오브 스윙의 기본은 같다. 여성이니까 다소의 오버 스윙은 상관없다.

그런데 남성은 힘있는 스윙을 할 수 있다고 하는 자만과 의존이 골프 스윙의 본질을 애매하게 하는 경향이 있다. 기본적인 비거리는 자세의 좋고나쁨에 의해 결정되는 것이지 절대 힘에 의해서가 아니라는 점을 인

여성도 남성과
마찬가지로
정확한 어드레스와
톱 오브 스윙자세를
몸에 익혀야 한다

식해야 한다. 좋은 자세가 전제이고 여기에 힘이 있으면 다른 사람보다
더 멀리 날릴 수 있는 것이다.

골프는 부드럽게 치는 샷도 필요

날리는 요령은 좋은 리듬과
템포로 클럽을 휘두르는 것.
몸이 충분히 비틀려 있으면
파워가 클럽 헤드에 집중한다

제 3 장

내게 맞는
골프를 찾아라

홀의 개념과 핸디캡
나의 파를 찾아내는 것이 중요하다

골프 코스는 파(par) 3, 4, 5의 3종류의 홀로 구성되어있다. 특별한 홀의 경우 파 6홀도 있기는 하지만 일반적이지는 않다.

18홀 기준 파 72가 표준(홀당 평균 파4)이며 이 경우 파 3과 파 5가 각각 4홀, 나머지 홀이 파 4로 되는 것이 보통이다. 이 3종류의 홀은 거리에 따라 단락이 지어져 있다. 파 3은 1온(on) 2퍼트(putt), 파 4는 2온 2퍼트, 파 5는 3온 2퍼트로 홀아웃하는 것이 기준이다.

그러나 홀에 따라서 거리가 다르고 지형도 다르며 장애물의 배치도 다채롭기 때문에 파를 잡는 것이 쉽지는 않다. 1온을 전제로 해서 만들어져 있는 쇼트 홀에서도 거리나 상황에 따라서는 2온이라도 다행이라고 생각하는 경우가 다반사로 생긴다. 미들이나 롱홀에서는 드라이버의 평균거리에서 나머지를 산출하여 1회 또는 2회에 그린에 올릴 수 있는지 없는지 자신의 기량과 끊임없이 상담해야 한다.

골프에는 핸디캡(이하 핸디라고 줄인다)이 있다. 핸디가 18인 사람은 각 홀당 1타의 핸디가 있다는 말이기 때문에 보기 페이스로 '파플레이' 하는 사람이라는 것이다. 어디에서 핸디를 사용할 것인가를 생각하고 파를 줄이는 것이 스코어업이 된다.

각 홀에는 난이도를 나타내는 홀 핸디가 붙어있으므로 티샷을 하기 전에 코스의 특징을 읽음과 동시에 실전에서 잘 되지 않았던 플레이를 되짚어서 앞으로의 연습 테마로 삼으면 좋을 것이다.

자신의 기량을 객관적으로 냉정하게 판단해서 이 3종류의 홀 구성을 잘 검토하고 나름대로의 파플레이 방법을 찾아나가자.

5타

4타

3타

2타

1타

파5홀(롱홀)

4타

3타

2타

1타

파4홀(미들홀)

3타

2타

1타

파3홀(숏홀)

골프는 컨트롤 게임
비거리를 알고 자신 있는 클럽을 만든다

골프는 14개 이상의 클럽을 구사해서 얼마나 적은 타수로 홀아웃 하느냐의 게임이다. 따라서 어느 클럽으로 치면 어느 정도 나는지 자신의 비(飛)거리를 제대로 알아 두지 않으면 게임의 계획을 세울 수 없다. 남성의 표준 비거리와 여성이 목표로 하는 비거리는 우측 표와 같다. 이 거리는 어디까지나 표준이므로 숫자에 집착할 필요는 없다.

하지만 일반 남성의 경우 드라이버가 여성이 목표로 하는 거리 170야드 미만이라고 한다면 다소 문제라고 할 수 있다.

골프 코스는 티샷이 티 그라운드(tee ground)로부터 200~220야드 날아가는 것을 전제로 해서 구성되고 있으며 홀이 항상 1자로 똑바른 것이 아니고 도중에는 장애물도 기다리고 있을 수 있기 때문에 티샷이 170야드 이하의 비거리라면 다소의 문제가 나타날 수도 있다.

하지만 보다 중요한 점은 각 클럽 번수에 따른 거리차가 고르게 되는 것이다. 6번 아이언으로 150야드를 날리면서 5번이나 4번이나 똑같이 150야드 밖에 날지 않는 식의 불균형이 가장 곤란하다. 드라이버는 고사하고 아이언(iron)중 어느 1개만 남보다 비거리가 많이 난다고 해서 기뻐해서는 안 된다. 거리가 부족한 것은 클럽의 번수를 내리면 해결되지만 불균형한 비거리로는 이러한 문제를 해결할 수가 없게 되므로 클럽 로프트의 차이에 따라 균등한 거리 차가 나는 것이 이상적이다.

궁극적으로는 14개 클럽 전부를 구사할 수 있게 되면 좋지만 처음부터 그것을 바라는 것도 무리이므로 우선은 좋아하는 클럽, 자신있는 클럽부터 시작한다. 우선 숏아이언에서 1개, 미들아이언에서 1개 그리고 우드

코스는 홀에 따라 거리가 다르고 지형도 다르므로 좋아하는 클럽을 만들어서 그 클럽의 거리를 표준으로 하자

	여성	표준 남성	장타 남성
PW	80 90	100	100
9 I	100	110	115
8 I	110	120	130
7 I	120	130	145
6 I	130	140	160
5 I	140	150	175
4 I	150	160	190
3 I	160	170	205
3W	170	180	220
1W		200	240

단위/야드

에서 1개, 좋아하는 클럽을 만들어 놓자. 좋아하는 클럽이 생기면 점차 그 전후의 클럽도 어려워하지 않고 칠 수 있게 된다.

멀리 돌지 않기 위한 스텝
파보다 1오버를 목표로 플레이하자

골프를 처음 시작하는 사람. 시작한 지 얼마 안 되는 사람은 파보다 하나 많은 스코어, 즉 보기(bogey)를 목표로 해서 플레이한다. 보기 플레이는 사실상 중급자의 골프로 초보자에게는 무리이므로 이를 해낼 수 있으면 게임을 즐기는데 큰 어려움이 없다고 할 수 있다.

그러므로 보기에 목표를 두고 하루빨리 목표를 달성하기 위해 어떻게 하면 좋을지 연구하는 것이 필요하다. 누구나 좋은 스코어를 내고 싶겠지만 현실은 그렇지 못하다. 골프는 초보자라도 파를 잡을 수 있는 경우가 있다. 그 반대로 두자릿수의 스코어도 된다.

이런 식으로 그때그때 되어가는 형편에 맡겨서는 실력향상을 기대할 수 없다. 따라서 처음부터 '보기 게임을 위한 플랜'을 생각하고 플레이하는 것이 결국 멀리 돌지 않아도 되는, 단계를 밟아서 골프를 몸에 익히기 위한 스텝이다.

'드라이버를 쥐면 한없이 날린다.' '아이언을 손에 쥐면 어쨌든 핀을 향해서 저돌적으로 쳐 간다.' '어프로치는 딱 접근시킨다.' '어떤 거리에서도 1퍼트에 넣도록 한다.' 이런 욕심 만을 머리 속으로 반복하면 여지없이 멀리 돌게 된다.

'파4 코스는 3타로 그린에 얹고 2퍼트면 충분하다.' 이렇게 생각하면 힘을 주는 일 없이 정확히 히트하는 데에 집중할 수 있으며 이 때문에 좋은 자세를 만들고자 연습 단계에서부터 마음 자세가 달라진다. 그때그때 되어 가는 형편에 맡기는, 즉 그날의 운에 맡기는 플레이는 스코어는 물론 실력 향상에 필요한 스텝을 생략하려고 하기 때문에 결국 괴로운 것은 자기자신이 된다.

LESSON 7

우선 우드(wood), 미들 아이언(middle iron),
쇼트 아이언(shot iron)의 3개를 마스터하자

제3장 내게 맞는 골프를 찾아라 49

보기로 돌기 위해서는 170야드만 날리면 된다

보기(bogey)를 목표로 하면 티샷은 170야드만 날리면 된다.

그렇게 되면 거리보다는 실수를 줄이는 방책을 생각한다. 남이 200 야드를 날리고 있다고해서 당신도 같은 비거리를 내야만 할 필요는 없다. 스코어를 위해서는 되도록 큰 스윙을 피하고 스피드는 떨어져도 일정한 리듬으로 스윙하는 데에 몰두하도록 하자.

좋은 폼만 몸에 익히면 비거리는 저절로 상승한다.

처음부터 힘대로 휘두르는 골프를 하면 가끔씩은 220야드가 나는 경우가 있을지 몰라도 확률은 매우 작다.

이러한 불확실성은 좋은 스코어를 내는데 있어서 가장 큰 장애가 된다. 정말로 세고, 빠르게 휘두르기 위해서는 약하고 느린 스윙을 마스터한 다음이 아니면 절대로 몸에 배지 않는다. 따라서 보기를 목표로 하는 단계에서 드라이브샷의 비거리는 170야드로 충분하다.

연습장의 타석에서도 굳이 200야드 앞 네트의 과녁에 맞히려고 애쓰는 연습은 필요없다. 정확한 피니시(finish)를 취할 수 있는 폼을 몸에 익히는 것이 훨씬 중요하다.

이 생각을 드라이브샷부터 어프로치샷 까지 철저히 한다면 실전에서도 빨리 목표를 달성해서 자신감과 기쁨을 맛보게 될 것이다. 이렇게 하면 굳이 비거리 걱정을 안 해도 저절로 비거리는 차츰 늘어나게 되며, 정확한 자세가 몸에 배인 상태에서 200야드 이상을 날리게 되면 자연스럽게 아이언, 어프로치 모두 파를 목표로 할 수 있는 수준으로 향상돼서 또 한 단계 실력을 업그레이드 시킬 수 있는 것이다.

보기(bogey)가 목표라면
굳이 파온을 해야만 할 필
요는 없다

티샷의 비거리는
170야드로 충분

170yds

최종적 평가는 어프로치와 퍼터에 의해서이다

골퍼의 기술적 평가는 무엇으로 결정되는 것일까?

그것은 어프로치와 퍼트라고 생각할 수 있다. 이는 게임의 결말로 스코어와 직결하는 부분임과 동시에 골프가 파를 상대로해서 플레이하는 게임이기 때문이다. 아무리 드라이브샷을 남보다 멀리 날렸다고 해도 미들홀, 롱홀은 1타로 온그린 하는 것이 아니다. 멀리 날린다는 것은 유리한 조건임에 틀림없지만 절대 조건은 아니라는 말이다.

볼이 멀리 날 수록 구부러짐도 크기 마련이다. 초보자 기간 중에는 폼이 좋아짐에 따라서 비거리도 늘어날 수 있겠지만 어느 단계까지 가면 벽에 부딪히게 되며 이 벽을 깨뜨리기 위해서는 특별한 트레이너에 의한 특별한 고난도 트레이닝을 하는 수밖에 없게 된다.

어프로치와 퍼트의 실력향상에는 한계가 없다. 그 때마다 상황도 다르고 최선이라고 생각되는 방법으로 쳐서 최선의 결과를 내기 위해서는 상당한 수련이 필요하다. 즉, 기량을 발휘할 기회는 쇼트 게임에 있는 것이다. 세계적 프로라도 18홀 경기 중 몇 번씩이나 그린을 벗어난다. 제1타, 제2타의 실수를 어프로치와 퍼트(put)로 얼마나 커버할 수 있느냐가 관건인 것이다. 실력이 향상되면 보기(bogey)플레이가 불가피한 상황에서 파로 홀인하는 것에 골프게임의 진가가 있다.

나이를 먹어 날지 않게 되었기 때문에 하는 수 없이 어프로치와 퍼트에 온갖 노력을 다한다는 것이 아니라 골프를 시작하는 단계부터 '골프 게임의 진수는 숏게임에 있다'고 여기는 것이다. '골프는 미스의 게임'이라고 파악하며 골프를 완성해 가기 바란다.

숏게임은 스코어와 직결되는
가장 중요한 부분

어프로치는 2번 치면 반드시 얹을 수 있도록

LESSON
9

첫 라운드의 마음가짐
플레이 한다기보다는 코스를 걷는다는 기분으로

최근엔 클럽을 사면 변변한 연습도 없이 바로 필드로 나가는 사람이 늘어나고 있다고 한다. 하지만 골프는 그렇게 조급증으로 해결되는 것이 절대 아니다. 실제로 필드에 나가보면 드라이브샷을 치는 기본조차 안돼 계속 헛스윙을 한다거나 볼을 엉뚱한 곳으로 날려보내 위험한 상황까지 연출하는 것도 어렵지 않게 볼 수가 있다. 최소한 반년 이상 연습하지 않으면 '머리 올리기'도 힘들고 일행을 따라 갈 수도 없다고 생각했던 옛날과는 시대가 많이 달라진 것 같다.

그렇다면 이렇듯 어느 정도 스윙을 몸에 익힐 때까지 참을 수 없다는 사람은 어떤 마음 가짐을 가져야 할까? 우선 골프 플레이를 남과 같이 한다고 하는 생각은 버리고 '코스를 걸어서 앞으로 나아간다' 는 정도의 기분 만으로 족하다.

티 그라운드에서 2번 3번 헛스윙을 하는 사람이 있다. 당연히 뒤의 조나 함께 도는 사람의 핀잔이 있을 수 있다. 누구보다도 본인이 제일 부끄러울 것이다. 이럴 때 당황하게 되면 더욱 더 실수를 하게 된다. '굿 샷은 바라지도 않고 땅볼이라도 좋으니 앞으로만 나아간다.' '굴러도 좋다. 볼을 굴려서 코스를 걸어 앞으로 나가기만 하면 된다'고 생각하면 마음은 편해진다.

따라서 첫 라운드를 앞둔 경우는 드라이버(스푼이라도 좋다), 5번 아이언, 피칭웨지(pitching wedge), 그리고 퍼트의 연습 만을 해 둔다. '과욕에 의한 드라이브샷의 잘못으로 필드를 돌아다니지 않는다.' '아이언샷을 중복시키지 않는다.' '어프로치는 최악이라도 2타

처음 라운드를 한다면
그냥 볼을 굴려서 걷는
다는 생각으로 임한다.

내에 그린에 없는다.' 이것은 처음 코스로 나가는 사람의 보편적인 조
건이다. 의욕만 앞서 클럽을 힘껏 휘둘러도 어차피 맞지 않는다. 이렇
게 되면 본인은 물론 동료들도 질려서 불평할 기력조차 없어진다. 물
론 제대로 연습을 쌓아 최소한의 기본기를 갖춘 상태에서 첫라운드에
임하는 것보다 더 좋은 방법은 없다.

하지만 불가피한 상황이라거나 그럴 시간적 여유가 없다고 하면 그
냥 종일 볼을 굴려서 코스를 걷는다는 기분으로 임한다. 동료와 뒷팀
에 지장주지 않고 어쨌든 앞으로 나아가기만 하면 된다는 마음으로
볼을 앞으로 내보내는 것 만을 염두에 두고 스윙을 하자.

처음에는 볼을 앞으
로 내보내는 것만을
염두에 두고 스윙을
하자

제 4 장

스윙의 이해

특별한 타법이란 없다
기본 동작에서 직감 만을 쫓아서는 안 된다

훈련을 쌓아 자신의 형태를 완성한 프로에게는 각각 개성이 있다. 얼핏 보면 사람마다 스윙에 차이가 있어보이지만 임팩트(impact)에서의 기본 동작은 변하지 않는다. 개성적으로 보이는 플레이어라도 임팩트의 순간은 같다. 프로라는 것은 '베스트 샷을 위한 기본 동작은 몸에 배여 있고 그 위에 시합에 이기기 위해서, 혹은 자신의 약점을 극복하기 위해서 노력하며 그 결과로서 외견상으로 달라보이는 여러 스타일의 플레이어가 완성되는 것'이라고 보면 된다.

'아무개 타법' 식의 명칭은 편의상 붙인 것으로 결코 골프 스윙에 여러 가지 타법이 있는 것은 아니다. 그러나 세상에서는 여러 가지 '골프 명언(?)'이 유포되어 있다. 예를 들면 손으로 쳐라, 허리로 쳐라, 오른쪽 옆구리로 조여라, 니액션(knee action)을 사용하라는 등 듣는 입장에서 보면 어떤 때는 오른쪽 또 어떤 때는 왼쪽이라고 생각되도록 상반되는 말의 범람에 어리둥절할 뿐이다.

'오른쪽으로 조금 넣으면 좋았을 걸' 하고 깨닫는 순간 다음 타구는 또 '너무 오른쪽으로 쳐 버렸다'는 식의 경험은 모두 가지고 있을 것이다. 몇 번 깨닫는 지도 모른채 깨닫는 횟수만큼 고민하고 있는 것이다. '아무개 타법'에 끌려서 '이거다!' 하고 무릎을 쳐 봤자 오래가지 않는다. 왜일까? 이는 '직감'에 불과하기 때문이다.

이러한 직감적 스윙에 대해 봅 존스는 '오늘의 히트는 내일 사라져서 아무도 이것을 파악해 둘 수 없다'고 적절하게 말한 바 있다. 직감은 오래 가지 않는 것이 당연하다. 따라서 '아무개 타법'은 순간의 힌트는 될

58

무의식중에도
정확한 몸의 움직임을
할 수 있도록 밸런스
잡힌 폼을 만든다

기본의 습득은 그립부터

지 몰라도 자신의 스윙 폼을 완성하는 데에는 결코 도움이 안 된다. 이는 역시 토대가 되는 기본형을 철저히 연습해서 무의식중에도 몸이 움직여 주도록 트레이닝할 수밖에 없다.

그럼 세트업과 회전의 기본에 대해 알아보자. 우선 세트업은 그립 (grip)과 스탠스(stance) 그리고 어드레스(address)로 이 세트업을 할 수 있으면 클럽을 휘둘러 올리고 내리며 몸을 비트는 몸의 회전운동을 위한 준비를 한다. 이 준비가 갖춰지지 않으면 결코 좋은 샷은 얻을 수 없다.

골퍼가 '스윙기계'가 되면 좋겠지만 감정이 방해를 해서 될 수 없다. 이 때문에 공이 휘어져 버리는 것이다. 실수를 가능한 한 줄이기 위해서 는 기본과 정면으로 맞서야 한다. 좋은 실력을 갖추기까지는 상당한 정 신력이 필요하다. 기본 동작이 완성된 프로의 직감 만을 받아들이려고 하면 점점 더 어려워질 뿐이다. 그립과 톱, 다운이란 어떤 것인지를 말로 설명할 수 있고 몸으로 표현할 수 있게 되어야 한다.

피니시부터 이해해 보자
골프는 왼발로 서는 게임이다

한 프로골퍼의 경험담을 들어보자. "나는 야구를 하고 있었기 때문에 몸을 옆으로 돌려서 볼을 치는 골프의 동작에 부담감이나 저항은 없었다. 하지만 '볼이 움직이고 있느냐 멈춰 있느냐' 는 차이 외에 야구와 골프의 어디가 다른가에 대해 생각해 보았다.

선배 프로가 볼을 치는 것을 가만히 보고 얻은 결론은 '골프는 공을 치고 난 후 왼발로 서는 게임이다.' 라는 사실이다. 피니시에서는 오른쪽 발뒤꿈치가 올라가고 오른쪽 무릎은 왼쪽 무릎과 겹치는 위치까지 보내고 배꼽이 목표를 향하고 왼발로 서 있는 자세, 이 동작은 야구에 없다. '골프라는 것은 다 친 후 왼발로 서있는 것이다.'

이렇게 느꼈을 때부터 내 스윙이 '골프스윙' 다워졌다. 나도 예전엔 당연히 아마추어였다. 치면 슬라이스, 그것도 야구를 하고 있었기 때문에 어중간한 슬라이스가 아닌 확실한 슬라이스였다. 정색하고 클럽을 휘두를수록 크게 구부러졌다. '이상하다. 어째서 선배 프로와 같이 칠 수 없는 것일까?' 고민하던 중 선배의 '왼발로 서 있는 피니시' 를 보고 깨달았다. 내가 하고 있는 것은 완전히 거꾸로 뒤로 뒤집혀 있었던 것이다."

초급자 시절에는 아무래도 클럽 헤드를 볼에 맞히려고 한다. 본능적인 행동이기 때문에 어쩔 수 없지만 이러한 경험담에 덧붙이자면 슬라이스 해도 상관없기 때문에 친 후 왼발로 서는 이미지를 가지면 보다 빨리 골프스윙을 이해할 수 있을 것이라는 점이다. '슬라이스 해도 좋으니까 왼발로 서는 자세가 되게 하라.' 무의식 중에도 왼발 하나로 서게 되는 자신을 발견한다면 또 한차례의 실력향상이 된 것이다.

슬라이스 해도
좋으니까
왼발 하나로 서는
스윙을 하라

템포와 리듬의 파악법
천천히 걷는 동작의 리듬으로 스윙연습을 하자

스윙이 좋은 사람은 좋은 템포와 리듬을 가지고 있다. 그러나 처음부터 그랬던 것은 아니다. 클럽을 휘둘러서 볼을 치러 가는 이상 아무래도 템포는 빨라진다. 그래서 '좀더 천천히'라고 지적받지만 그 천천히가 어떤 템포인지 모르는 채로 고생한다.

천천히의 정도를 몸으로 감지하는 방법으로서는 걷는 동작을 생각해 보는 것이 좋다. 천천히 걷는다, 보통으로 걷는다, 잰 걸음으로 걷는다, 이러한 이미지라면 몸으로 표현할 수 있을 것이다.

우선 천천히 걸어본다. 그리고 같은 리듬으로 클럽을 스윙해본다. 보통으로 걸으며 그것을 스윙 연습에 적용시켜 본다. 그렇게 하면 당신의 지금까지의 스윙은 서둘러서 걷고 있을 때의 템포에 가까운 것을 이해할 수 있을 것이다. 그럼 다시 한 번 천천히 걷다가 멈추고 나서와 같은 템포로 스윙 연습을 해 보자. 천천히라고 특별히 의식하지 않아도 템포는 슬로우로 되고 있을 것이다.

천천히의 정도를 몸에 익히면서 볼을 쳐 본다. 스윙이 빨라지는 것 같으면 다시 한 번 천천히 걷기부터 시작한다. 이것을 반복하면 당신의 스윙템포는 상당히 변화할 것이다. 강하고 빠르게 스윙하는 마음이 있는 한 좋은 리듬감은 생기지 않는다. 성급함을 버리고 스피드의 조절에 눈을 돌리면 당신에게 맞는 템포와 리듬을 발견할 수 있다.

스윙의
리듬은
걷는 템포로
이미지하면
된다.

서서히 훅 볼로 전환
슬라이스는 '홍역'과 같은 것

초보자가 피해 지나갈 수 없는 것이 슬라이스다. 골프를 하다 보면 누구나 한 번은 걸리는 '홍역'과도 같은 것이다. 중요한 것은 조급함을 버리고 서서히 슬라이스를 교정해서 훅 볼로 전환해 나가는 것이다.

슬라이스를 그 자리에서 교정하는 방법이 없지는 않지만, 그것은 너무 달다고해서 생각없이 소금을 듬뿍 집어 넣는 것과 같은 경우로 근본적인 해결은 되지 않는다. 타구가 목표의 오른쪽으로 구부러지느냐 왼쪽으로 구부러지느냐는 임팩트에 있어서의 스윙궤도와 클럽 페이스의 방향으로 결정되는 것이다.

슬라이스는 골프 스윙 본래의 회전 운동을 하지 않기 때문에 생기는 것으로 정확한 몸의 비틂을 알고 실천할 수 있게 되면 개선된다. 따라서 슬라이스 방지를 위해 '그립을 바꾼다' '클럽 페이스의 방향을 조정한다'고 하는 즉흥적이고 부분적인 교정은 위험하다.

골프 게임을 하는데 있어서 슬라이스도 때로는 필요해진다. '슬라이스는 일절 치치 않는다'는 생각을 가질 필요는 없다. 슬라이스를 잊으려 애쓸 필요도 없다. 필요에 따라서 슬라이스를 적절히 쳐야 하는 경우도 있는 것이다.

어디까지나 몸의 정확한 비틂과 스윙 템포를 터득하고 훅 볼을 칠 수 있도록 하자. 그렇게 하면 '응용기술'로서의 슬라이스도 몸에 익힐 수가 있다. 초보자의 슬라이스는 실력향상에 있어서 꼭 필요한 살아 있는 교재이자 경기운용에 꼭 필요한 도구라고 이야기할 수 있다.

자신의 눈으로 볼 수 없는 톱

골프의 스윙을 터득하는데 있어 초급자가 두려워 하는 동작이 있다. 그것은 '몸을 돌린다' 고 하는 동작이다. '돌리지 않으면 안된다' 는 말도 들어왔지만 말같이 간단하지가 않다. 몸을 돌리면 볼로부터 멀리 떨어지기 때문에 맞지 않는 게 아닐까, 하는 불안이 있기 때문이다.

특히 콕(cock, 손목의 꺾임)이 시작되는 백스윙의 후반부터 톱 오브 스윙에 걸쳐서는 자신의 동작을 자신의 눈으로 확인할 수 없다. 테이크 백은 천천히 하면서도 톱 오브 스윙에 접근할수록 빨라지는 것은 다름아닌 불안감의 표출이다. 골퍼의 출발점은 크게 나누면 '자기 식으로 시작한다' 와 '기본부터 배워서 폼을 몸에 익힌다' 의 2가지로 나눠진다.

자기 식으로 시작한 사람은 클럽 헤드를 볼에 맞히는 것부터 들어가기 때문에 회전이 부족한 경향이 있다. 어깨를 돌린다고 하는 불안감이 언제까지나 따라 다니는 것이다.

이에 반해 기본 폼 만들기부터 들어간 사람은 처음은 본능적으로 볼에 맞히려고 하지만 스윙 형태를 머리와 몸으로 이해하고 있기 때문에 두려움은 없다. 망설여질 때, 미스했을 때에 일단 톱 오브 스윙에서 멈추고 거기에서부터 다운 스윙을 해보는 체크법을 할 수 있다면 기본의 형태부터 제대로 들어가고 있는 것이다.

따라서 자기 식의 방법으로 시작한 사람은 이제라도 스윙의 형태를 체크해서 어드레스, 톱, 피니시의 형태를 몸에 기억시킬 필요가 있다. '알고 있지만 할 수 없다' 는 것은 모르는 것과 다를바 없다. ABC부터 단계를 밟아서 정확히 하고자 하는 의지와 용기를 갖자.

클럽을 쥐지 않고 정확한
비틂을 익힌다.

어드레스, 톱, 피니시의 형태를 몸에 기억시켜 둔다.

제 5 장

실력향상을 위한
순서와 힌트

모든 클럽으로 부드러운 공을 치자

프로이든 싱글이든 누구나 처음은 초보자였다. '맞지 않는다, 볼이 휘거나 날지 않는다'고 하는 시기가 각자 있었던 것이다. 이 때는 누구나 클럽을 힘껏 휘두르고 있는 데도 어째서 똑바로 멀리 날지 않는지 고민하고 의심을 품게 된다. 그래서 우선 타인의 스윙을 보기도 하고 잡지, 인터넷 등에서 유명 프로의 폼을 연구하거나 TV 골프 프로그램 등에서 리드미컬한 스윙을 뇌리에 새기거나 해서 조금씩 공을 치는 방법이 달라진다. 그러다가 어느 시기가 되면 지금까지 얻을 수 없었던 나름의 진리를 얻어 차츰 모양이 잡혀간다.

초보자 단계를 탈출하기 위해서 이같이 어느 정도의 시일이 소요되는 것은 불가피한 일이지만 되도록 돌아가지 않고 일찍 골프를 접하기 위해서는 모든 클럽으로 '부드러운 공'을 칠 것을 권한다. '부드러운 공'이란 저돌적으로 클럽을 휘두르지 않는 것을 말한다.

스윙의 크기를 바꾸어 보며 힘을 주는 상태에 변화를 준다거나 스윙의 템포를 천천히 해 보거나 하라는 말이다. 바꿔 말하면 항상 목표를 노려보며 온 마음으로 거리를 내려는 욕심을 내거나 지금까지 이상으로 날려보내려 하는 마음을 일단 버리라는 것이다.

그렇게 함으로써 쓸데없는 힘을 배제하고 스윙에 리듬감이 생겨서 지금까지 경험한 적이 없는 샷을 얻을 수 있다. 날리지 않도록 절제되는 클럽을 휘두름으로써 반대로 보다 '파워업'되는 것이다.

몸의 회전을 부드럽게 하기 위해서는 억지로 강하게 히트시키려는 몸동작보다 자연스럽고 부드럽게 치는 편이 훨씬 플러스가 된다.

부드럽게 칠 수 있으면
힘주는 상태를 알 수 있다

드라이버 샷과 어프로치를 동시에 진행하자

앞으로 골프를 시작하려고 하는 사람은 무엇부터 손을 대면 좋을까? 골프 게임은 풀 샷과 컨트롤 샷, 그리고 퍼팅으로 이루어져 있다.

코스에 나가 실전으로 게임을 하는 경우에는 처음과 결말이 중요하다. 처음, 즉 드라이버 샷은 2타 째 이후를 조금이라도 유리하게 하기 위해서. 결말로써 어프로치, 그것도 그린 주변으로부터의 쇼트 어프로치는 확실히 그린에 얹어 퍼팅에 들어가야 하므로 꼭 마스터해 둘 필요가 있다. 주위에서 순서를 기다리는 많은 사람이 보고 있는 1번 홀의 티샷에서 헛스윙이나 땅볼을 해버리면 경기내내 기분이 우울할 수밖에 없다.

첫 드라이버 샷 여하로 종일 기분이 엉망이거나 그렇지 않으면 침착한 기분으로 플레이할 수 있거나 둘 중의 하나로 결정된다고 해도 과언이 아니다. 또한 그린 주변의 어프로치샷에서는 어찌됐든 한 번에 그린에 얹고 싶은 법이다.

골프는 보통 4인이 함께 플레이하기 때문에 그린 주변에서 혼자 저멀리 떨어진 곳으로 공을 보내거나 해서 그린에 공을 얹는 시간이 지체된다거나 도중에 딴 짓을 하게 되면 다른 파트너에게 큰 폐를 끼친다. 처음부터 완벽한 샷은 할 수 없지만 최소한 필드에서 머리를 얹은 사람으로서의 골퍼다운 샷은 해 줄 필요가 있다.

그러기 위해서는 연습장에서 연습할 때 드라이브샷은 물론, 그린 주변으로부터의 짧은 어프로치를 일컫는 칩샷을 동시 진행으로 연습할 것을 권한다. 큰 샷과 작은 샷의 양 쪽을 같이 연습함으로써 몸의 사용법이나 힘 주는 법도 더욱 잘 이해할 수 있게 된다.

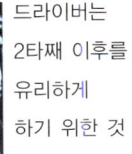

드라이버는
2타째 이후를
유리하게
하기 위한 것

작은 샷으로
힘 주는 법을 안다

볼을 올리는 것과 굴리는 것의 차이
볼을 날려올리려 말고 땅볼을 치듯 하라

한 야구선수가 골프를 배우면서 한 말이다. "야구를 하고 있던 내가 골프를 처음 시작하며 생각한 것은 '골프에서 볼은 멈춰있지만 지면과 접해 있다. 야구에서 말하자면 원바운드로 생각하면 되는 것이다. 낮은 듯한 볼 따위는 아무것도 아니나 갑자기 클럽을 휘두르면 틀림없이 헛스윙을 한다고 생각했다. 그래서 생각한 것은 지면에 선을 긋고 그 선을 칠 수 있으면 괜찮다고 생각하고 해 보았다. 그다지 어렵지 않게 생각됐기 때문에 그렇게 하고 볼을 쳐보니 볼은 맞았지만 체중은 오른쪽에 남고 타구는 큰 슬라이스였다.' 볼에 맞히려고 하지 않고 다 휘두르라는 것은 처음엔 무리다. 본능적으로 맞혀 버리고 만다."

여러분도 경험이 있다고 생각하지만 '풀스윙'이라는 말 그대로 '다 휘두른다'고 하는 요령을 파악할 수 있는 것은 실제로 상당히 먼 훗날일 수 있다. 초보자 때는 슬라이스가 나와도 당연하다.

이는 홍역과도 같은 것이기 때문에 누구나 한 번은 걸린다. 그것을 훅 볼로 바꿔 가기 위해서는 어떻게 하면 좋을까 그것이 과제다. 지면에 그은 선은 칠 수 있어도 볼을 향하려고 뒤에 체중을 남기며 큰 슬라이스를 반복하던 사람이 이를 교정할 수 있었던 것은 바로 '땅볼을 치면 된다'고 하는 단순한 것이었다. 볼이 올라가면서 슬라이스가 반복된다면 '거리가 적게 나도 좋으니까 똑바로 쳐보겠다' 하는 생각을 갖기 바란다. 이때 유용한 힌트가 '땅볼을 쳐 보자'고 맘 먹는 것이다. 땅볼을 치면 된다고 단순하게 생각하고 나서는 체중이 차츰 오른쪽에서 왼쪽으로 이동하게 되고 슬라이스가 작아져 가는 것을 볼 수 있을 것이다.

볼을 굴리는 이미지로 휘두르는 편이
이상하리만큼 구부러짐도 작아진다.

연습시간이 없는 초보자를 위한 효과적인 연습과 순서
스푼, 5번 아이언, 어프로치 3가지를 중점적으로

얼마 전까지만 해도 어느 정도의 샷을 마스터할 때까지는 선배나 레슨코치가 코스에 나가는 것을 용인하지 않았지만 요즘은 클럽을 사면 당장이라도 플레이를 하려는 사람이 늘고 있다.

가능하면 2~3개월 충실히 연습을 쌓고 나서 코스에 나가는 것이 바람직 하지만 그렇게 기다리고 있을 수 없다고 하는 사람은 필드에 나가서 자신이 부끄러움을 당하지 않고, 함께 플레이하는 사람들에게도 폐를 끼치지 않도록 하기 위해서 최소한 이것 만은 실행해야 한다.

그것은 효과적인 연습과 순서를 밟으라는 것이다. 중점적으로 연습하는 것은 스푼, 5번 아이언, 어프로치다. 티샷에는 드라이버를 사용하지 않고 볼이 올라가기 쉽고 구부러짐(슬라이스)이 적은 스푼을 사용한다.

제2타 이후에는 어쨌든 그린에 접근시키기 위해서 5번 아이언을 연습하자. 처음은 티업을 해서 클럽 헤드가 볼 밑을 빠져 나가지 않도록 깨끗하게 히트하는 타법을 연습한다. 클럽페이스 중심이 볼 중앙에 정확히 맞아주는 것보다 더 좋은 일은 없지만 처음부터 바랄 수는 없으므로 뒤땅(볼의 바로 앞 지면을 치는 것)만은 피할 것. 뒤땅을 치게 되면 볼이 앞으로 나아가 주지 않는다. 차라리 톱(볼의 머리 부분을 치는 것) 하는 편이 볼은 전방으로 굴러가 준다. 아이언 샷은 바닥에 쿵하고 쳐넣지 않게 하고 떠내듯 깨끗하게 쳐내는 연습이 효과적이다. 어프로치는 35~50야드의 컨트롤하기 어려운 거리를 중점적으로 연습한다.

어쨌든 그린을 눈 앞에 놓고 이리저리 왔다갔다하지 않도록 한 번에 그린에 얹을 수 있도록 해야 플레이 지연 등을 예방할 수 있다.

3w

5i

pw

효과적인 연습을 위해
중점적으로 연습하는
것은 스푼, 5번 아이언,
피칭웨지다.

드로우 볼을 치기 위해서는
인사이드 아웃 궤도로 훅을 친다

드로우 볼(draw ball; 볼이 일직선으로 날아가다 왼쪽으로 살짝 휘어지는 볼)의 정확한 스윙 궤도는 '인사이드 인'이라고 일컬어지고 있다. 몸의 축을 중심으로 해서 원 운동을 그리면 확실히 인사이드 인이지만 이것은 이상적인 스윙을 한 결과이다. 슬라이스에 시달리고 있는 사람은 훅 볼을 치기 위해 '인사이드 아웃'의 이미지를 가질 필요가 있다. 클럽 헤드를 밖에서 안으로 휘둘러 빼내는 궤도가 아니고, 안에서 밖으로 휘둘러 빼는 궤도로 전환하여 훅 볼을 칠 수 있게 하라는 것이다.

다운 스윙이 인사이드로 내려오면 친 후 몸이 자연히 회전되기 때문에 클럽헤드는 다시 비구선의 안 쪽으로 들어 온다. 하지만 인사이드 인의 궤도로 하기 위한 전제에는 인사이드 아웃이 있다. 이미지로서 의식하는 것은 인사이드 아웃으로 좋다고 생각된다. 초보자 동안은 본능적으로 볼에 맞히고 싶기 때문에 타구는 슬라이스가 된다. 어떻게든 오른쪽으로 가는 것을 막으려고 하겠지만 손끝 만으로 방향을 바꾸려고 하는 것은 위험하다. 어디까지나 스윙 궤도로 공줄기를 바꾸자. 왜냐하면 아웃사이드 인의 궤도에서도 슬라이스와 당김이 나타나기 때문이다.

당기는 것이 싫어서 다시 슬라이스로 되돌아 온다, 거리도 다운돼 버린다, 그래서 또 움직임을 바꾼다... 이와 같이 해서는 일시적 요법의 반복 뿐이다. 당김이 아닌 정확한 훅 볼을 친다. 그러기 위해서는 정확하게 인사이드로 넣어 와서 손의 뒤집기로 연결시켜야 한다. 타구의 방향 뿐만 아니라 훅 또는 슬라이스를 치는 준비 자세와 스윙 궤도의 양 쪽을 이해한 후에 훅 볼을 칠 수 있도록 연습하자.

78

친 후에는 다시
안 쪽으로 휘둘러
빼내 간다.

친 후에는 다시
안 쪽으로 휘둘러
빼내 간다.

제 6 장

세트업과
그립에 대해서

어드레스의 자세
의자에서 등을 펴고 서서 가볍게 앞으로 숙인다

클럽 페이스를 스퀘어하게 세트하고 몸을 타켓 라인과 평행히 준비하는 것은 목표를 향해 샷하는데 있어 빼 놓을 수 없는 요점이다.

어드레스를 비구선의 뒤 쪽에서 보았을 때 앞으로 숙인 자세는 어떻게 되어 있는 것이 좋을까? 스퀘어로 준비하고 있어도 자세 자체가 좋지 않으면 스윙에 상하 움직임이 생겨서 뒤땅이나 톱의 원인이 된다.

볼에 대해 올바른 자세를 취하기 위해서는

1. 의자에 등을 똑바로 펴고 앉는다.
2. 등뼈를 편채 의자에서 일어선다.

이 때 머리는 앞으로 숙이지 않게 한다.

3. 다음, 양 무릎을 튀어나오지 않게 가볍게 구부린다. 이 때 양 무릎에 상체의 체중을 느끼도록 한다. 너무 구부리면 상체가 뒤로 젖혀지는 느낌이 되어 무릎으로 체중을 받을 수 없어진다. 이러한 이미지는 무릎부터 아래를 단단히 지켜서 발바닥의 중심에서 체중을 받아 발 끝이나 발 뒤꿈치에 치우치는 것을 막을 수 있다. 가령 앞에서나 뒤에서 밀린다 해도 밸런스가 무너지지 않는 토대를 만드는 것이다.

4. 마지막으로 클럽의 솔(sole)을 지면에 댄다.

이렇게 하면 상체는 가볍게 앞으로 숙인 자세를 취하고 있을 것이다. 그립엔드와 몸 사이에는 주먹이 하나나 하나 반 들어갈 정도의 공간이 생긴다. 뻣뻣하게 서서도 안 되지만 볼을 감싸 안을 듯 숙인 자세는 더욱 좋지 않다. 머리는 우리 몸 중에서 가장 무겁기 때문에 상체를 구부리려하면 무의식 중에 너무 구부려지게 된다. 가볍게 인사하는 정도가 적당한 자세다. 볼을 향하는 의식이 강하면 등이 구부려져 머리를 늘어뜨리게 된다. 시침 떼듯 약간 높은 자세가 스윙을 안정시키는 자세이다.

등을 편 채 의자에 앉고 그
상태에서 서서 가볍게 인사
하는 듯한 자세가 이상적

어드레스하는 순서
순서가 틀리면 볼은 똑바로 날지 않는다

클럽 페이스의 중심으로 굿샷을 한다해도 타구가 노린 방향과 다른 곳으로 날아가 버린다면 의미가 없다. 섣불리 히트시킨 때문에 거리까지 나와서 OB라고 하는 최악의 경우가 될 수도 있다.

이러한 샷이 나오는 것은 중심으로 스윙한 그 자체는 좋았으나 잘못된 방향을 향해서 임팩트를 한 때문이다. 연습장과 달리 넓은 코스에서는 서는 법의 잘못으로 인해 스코어를 무너뜨리는 경우가 많다. 이와 같은 일이 발생하는 이유는 어드레스하는 순서가 잘못되어 있기 때문이다.

가장 많은 잘못은 그립을 한 채 클럽헤드를 띄워 주고 스탠스를 먼저 정해버리는 경우이다. 스탠스부터 먼저 정해 버리면 대부분의 경우 목표의 왼쪽을 향하는 어드레스가 된다. 그 결과 클럽은 아웃사이드로 휘둘러 올라가고 인사이드로 휘둘러 내려오게 되어 볼에 슬라이스 회전을 주어 버린다. 슬라이스로 항상 고민해서 슬라이스하는 것을 계산에 넣고 서게 되면 이번에는 '스탠스의 방향은 목표의 왼쪽, 어깨는 목표'와 같이 몸의 상하에서 방향이 교차되며 서게 되기 쉽다.

클럽 헤드를 들고 얼굴을 든채 스탠스를 목표의 왼쪽에 취한 후 클럽 헤드를 바닥에 대면 어깨의 라인이 타깃 라인과 평행해져서 상하가 각각의 다른 방향이 되어 더욱 큰 슬라이스를 쳐 버리게 된다. 원인은 어느 쪽의 경우나 먼저 스탠스를 정해 버린 때문이다.

따라서 어드레스에서 처음으로 해야할 일은 타구를 상정한 비구선에 대해 클럽페이스를 직각으로 세트하는 것이다. 이 때 양 눈을 연결하는 선도 타깃 라인과 평행해 지도록 한다. 시선이 평행돼있지 않으면 클럽 페이스를 직각으로 향했는지 의심스러워진다. 클럽 페이스를 라인에 맞추는 것부터 시작해도 머리가 일어나서 시선을 빗나가면 몸 그 자체의 세트업이 틀어진다. 클럽 페이스를 스퀘어로 향함과 동시에 시선도 정확하게 두고 다음에 왼발, 오른발의 순서로 어드레스를 취한다. 정확한 순서로 세트업한 후에 다시 한 번 목표를 확인했을 때에는 목표의 조금 왼쪽을 향하고 있는 느낌이 있어야 정확한 세트업이 된 것이다.

퍼팅과 같이 라인 상에 시선이 있는 것이 아니기 때문에 볼에서 떨어져 있는 만큼 목표의 조금 왼쪽을 향하고 있는 것 같이 느낄 것이다.

어쩐지 이상하다고 생각되면 한 번 어드레스를 풀었다가 다시 한 번 해본다. 어드레스의 순서는 코스에 나갔을 때만 필요한 것은 아니다. 평소의 연습 때부터 습관을 들여 일정 순서와 리듬이 몸에 배이도록 해 두는 것이 중요하다.

정확한 순서 챙기기는 목표 의식을 길러준다. 따라서 연습장에서라도 항상 정면만 바라보고 같은 방향으로 치는 것보다는 목표점을 바꾸어가며 해보는 것이 중요하다.

클럽페이스를 먼저 목표에 맞추고
그 다음에 스탠스를 정한다.

볼의 위치
클럽이 짧아지면 볼도 속으로 넣는다?

어드레스에서의 볼의 위치는 클럽의 길이에 따라 변화한다고 생각하면 된다. 드라이버부터 쇼트아이언까지 볼의 위치는 변하지 않는다고 말하는 사람도 있기는 하지만 이는 예외의 경우이고 볼과의 간격, 스탠스의 넓이, 클럽의 길이가 변하는 것에 따라 스윙 궤도의 최하점도 분명 다르므로 이에 따르는 변화를 주는 것이 당연하다.

몸의 움직이는 법은 같아도 볼을 히트하는 포인트는 달라진다고 해석하는 편이 이해하기 쉬울 것이다. 어디부터 어디까지 변화되느냐 하면 '왼발 뒤꿈치의 연장선 상에서부터 오른쪽 옆으로 스탠스의 중앙까지'라고 생각하면 된다. '로프트 이상으로 높은 샷을 친다' 혹은 '로프트를 죽이고 낮은 샷을 치는' 식의 특별한 경우를 제외하고는 스탠스의 반 폭 속에서 볼의 위치는 변화하게 되는 것이다.

하나의 표준으로서 드라이버는 왼쪽 발 뒤꿈치의 연장선 상, 5번 아이언은 거의 스탠스의 중앙, 페어웨이 우드는 이 중간이면 된다. 쇼트 아이언이 되면 스탠스가 좁아지지만 왼발은 일정하게 해 두고 오른발을 왼쪽으로 접근시키기 때문에 볼을 스탠스의 중앙에 놓아도 결과적으로는 5번 아이언보다도 오른발 쪽에 위치하게 된다.

우측 사진과 같이 드라이버에서의 손과 클럽 헤드의 위치는 거의 같다. 스윙궤도의 바로 최하점에 클럽을 세트해 두면 되는 것이다.

페어웨이 우드에서 아이언이 됨에 따라서 점차 볼이 안으로 들어오기 때문에 클럽 헤드가 하강하는 도중에 볼을 잡게 된다. 소위 핸드퍼스트의 형태가 되는 것이다.

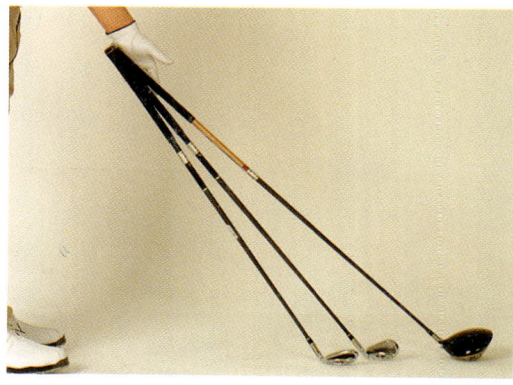

볼의 위치는 클럽에 따라 변한
다. 왼발 뒤꿈치의 연장선 상에
서부터 스탠스 중앙까지의 범위
내에서 볼의 위치가 변화된다.

스퀘어 그립을 몸에 익히자
골프를 오래 즐길 수 있는 그립은 하나다

누구나 골프를 시작한 다음에는 가능한 오래 즐기고 싶은 법이다. 그러기 위해서는 좋은 폼을 몸에 익혀두어야 한다.

좋은 폼의 체득은 자세가 결정적이 된다. 볼에 대해 정확히 자세를 취하고 있느냐 아니냐가 관건인 것이다. 이 자세를 정확하게 취한다고 하는 것을 바꿔 말하자면 몸의 어느 부분도 비구선에 대해서 '직각'과 '평행'의 관계를 유지한다고 하는 의미이기도 하다.

골프는 준비 자세가 완성되면 80퍼센트는 성공한 셈이라고 할 수 있을 만큼 세트업이 중요하다. 몸 만을 비구선과 평행히 서는 것은 쉽지만 클럽을 쥐고 있어야 하기 때문에 쉽지가 않다. 이 클럽을 쥐는 방법, 즉 그립에서 의외로 몸의 방향에 비뚤어짐이 생기거나 스윙의 궤도가 복잡해진다. 골프를 오래 즐기기 위해서는 말할 것도 없이 항상 똑같이 스윙할 수 있도록 하는 것이 가장 이상적이다. 그러기 위해서는 클럽 페이스와 같은 방향으로 그립하는. 즉 스퀘어 그립이 제일 합리적이다.

그런데 처음은 클럽을 가장 쥐기 쉬운 방법으로 그립하기 쉽다.

오른 쪽을 밑에서 대는 그립법이 그것이다. '쥐기 쉬우니까 합리적(?)'이라고 생각하면 안된다. 따라서 그립은 처음부터 스퀘어 그립으로 할 것을 권한다.

손가락은 민감하기 때문에 처음에 쥐기 쉽다고 변칙 그립을 하면 도중에 교정하는데 고생한다. 프로골퍼나 애버리지가 넘는 골퍼라면 상황에 따라서 훅 그립이나 슬라이스 그립 등으로 그립법을 바꾸는 경우도 있을 수 있지만 아마추어의 경우에는 스퀘어 그립 만을 알아 두는 것이 멀리 돌지 않고 실력이 느는 최선의 방법이라고 강조하고 싶다.

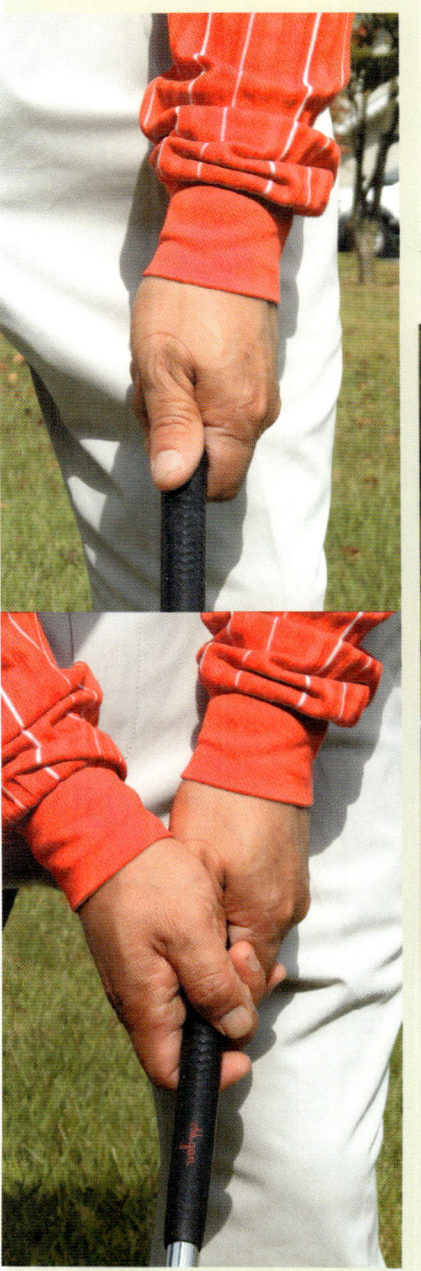

왼손의 손 등은 비스듬히
위를 향한다.

정확한 폼 만들기의 제1단계가 그립

스퀘어 그립의 오해
너클이 2개 보이는가

그립은 골프의 첫 단추를 끼우는 일과 같다. 그립이 어떻게 되어있느냐에 따라 매우 정상적으로 날린 볼이 훅도 될 수 있고 슬라이스도 될 수 있다. 그만큼 그립은 중요한 것이다. 여기서는 앞에서도 말했듯 아마추어 골퍼에게 가장 알맞는 스퀘어 그립을 완성시키는 순서를 설명한다.

우선 양 손을 축 내리고 서 보자. 양 쪽 손등은 바로 옆이 아니라 비스듬히 앞 쪽을 향할 것이다. 그대로 양 손을 허리 높이까지 올린다. 양 손은 자연히 접근해 온다. 다음에 손의 방향을 바꾸지 말고 양 손의 엄지와 검지를 각각 밀착시키며 오버래핑(over lapping)의 그립을 한다.

이 때 그립이 뒤틀리지 않게 하려면 왼 손바닥 위에 클럽의 그립을 올려놓고 쥐지말고 왼 손바닥을 지면으로 향하게 한 채 그립 위에서 덮어잡는 방법이 좋다. 이 상태에서 그립을 아래로 내리면 양 손등에 너클(knuckle;손가락의 마디)이 2개 보일 것이다. 이것이 스퀘어 그립이다. 이렇게 하면 왼손 그립도 아마추어 골퍼에게 이상적인 그립이 된다.

양 손을 직각으로 마주 향해 쥐는 것이 스퀘어 그립이라고 오해하고 있는 사람이 적지 않다. 그러나 실제는 왼손의 손등이 약간 비스듬히 위를 가리키고 있는 것이 맞다. 위에서 말했듯이 양 손을 축 내렸을 때는 조금 손등이 보이는 것이 자연스런 상태이다.

너클이 하나밖에 보이지 않는다는 것은 왼손을 조금 벌려서 그립하고 있다는 말이 된다. 이렇게 되면 손에 힘이 들어가지 않는다. 너클이 2개 보이는 그립은 양 손으로 물건을 조르는 필링이 있게 된다.

그렇다고 해서 왼쪽 손등이 위를 향할 만큼 덮는 스트롱 그립은 몸의 자세까지 바꿔 버리므로 권할 수 없다. 너클이 2개 보이고 양 손의 밀착감이 있는 스퀘어 그립이야말로 가장 자연스럽고 합리적인 그립이다.

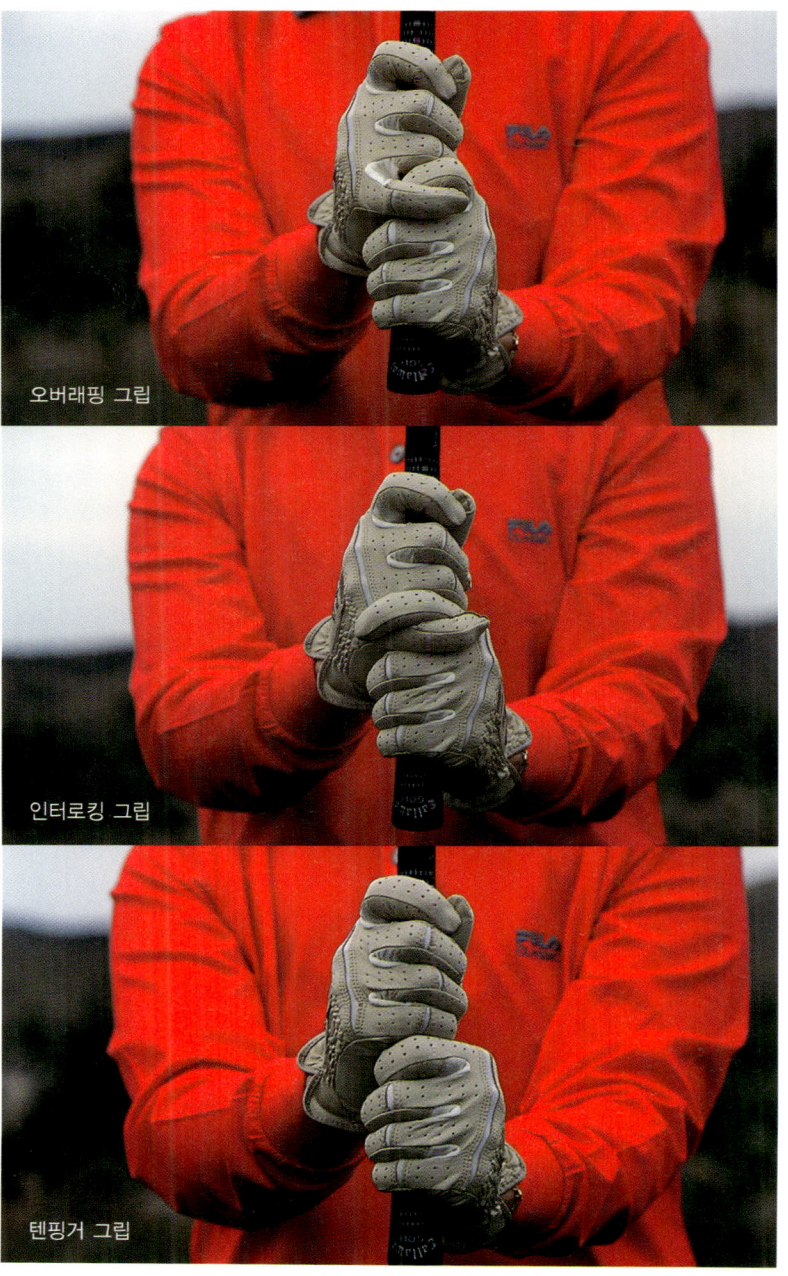

오버래핑 그립

인터로킹 그립

텐핑거 그립

스퀘어(square)한 세트업이 기본
세트업은 4종류가 있다

세트업의 기본은 타깃 라인에 대해 클럽 페이스는 직각으로 대하고 스탠스의 라인은 평행되게 하는 것이다. 양 발의 선이 타깃 라인과 평행하라는 것은 무릎, 허리 , 어깨의 선도 평행이 되게 하라는 것이다.

마치 2개의 레일 위에 서서 자세를 취하는 것과 같다. 목표에 대해 정확하게 자세를 취하고 있느냐는 점은 매우 중요하다. 또한 인간의 감각이라는 것이 때론 믿을 수 없는 면이 있기 때문에 이러한 세트업의 기본 자세가 몸에 완전히 배어서 어디서나 주저없이 척척 세트업을 할 수 있게 될 때까지는 할 때마다 이러한 체크를 게을리 해서는 안 된다.

그러기 위해서는 비구선의 뒤 쪽에서 누군가에게 어드레스를 봐 달라고 해서 클럽 페이스가 타깃을 향하고 있는지 몸이 타깃 라인과 평행히 서 있는지를 확인시킬 필요가 있다. 혼자 체크하는 경우, 양 발 끝을 연결하는 선 상에 클럽을 1개 놓고 뒤 쪽에서 보아 상정한 비구선과 클럽의 방향이 평행인지를 확인해 보는 방법이 있다.

세트업이 정확하면 볼이 똑바로 나는 것이 맞는 이치임에도 많은 사람이 처음엔 슬라이스를 친다. 이는 어드레스를 해서 생기는 그 사람의 스윙 면을 따라서 클럽 헤드가 올라가지 않기 때문이다. 그래서 잘못된 스윙 궤도를 고치고 슬라이스를 교정해야 한다.

그럼 어떤 궤도를 그리고 백스윙하면 좋을까? 타구는 크게 나눠 6종류가 있다고 앞에서 말한바 있다. 그 중 2가지는 강약이기 때문에 스윙의 궤도와는 무관하다. 따라서 나머지 4가지인 슬라이스, 훅, 높은 볼, 낮은 볼을 치는 세트업이 있음을 알아야 한다.

우선 훅 볼을 치는 세트업인데 스탠스를 스퀘어한 상태에서 오른발을 약간 끌어 당긴 클로즈드 스탠스로 한다.

스퀘어 스탠딩 자세부터
1. 높은 볼, 2. 낮은 볼
3. 훅, 4. 슬라이스의 타법을 응용

어느 정도 오른발을 끌어 당기느냐 하면 볼 3개분이다.

자세가 바뀌면 스윙의 궤도도 달라진다. 스퀘어 스탠스의 경우보다도 백스윙은 인사이드로 취하기 쉬워진다. 스윙 전체의 궤도는 인사이드 아웃이 되고 임팩트 후의 손 뒤집기가 조장되어 훅성의 타구가 생긴다.

슬라이스를 치고자 하는 경우는 훅 볼 세트업의 반대로 하면 된다. 왼발을 끌어 당겨서 오픈 스탠스로 한다. 이렇게 하면 백스윙은 비구선 밖으로 올라가기 쉽게 되어서 아웃사이드인의 궤도로 들어와 오픈 페이스로 히트하며 볼에 슬라이스 회전을 준다.

높은 공을 치고 싶은 경우에는 시선이 높은 곳을 올려다 보게 되어 오른쪽 어깨는 내려가고 인사이드에서 아웃사이드로 휘둘러서 피니시는 당연히 높아진다. 낮은 타구는 이 반대다. 체중을 왼쪽에 싣고 볼을 바로 위에서 보게되기 때문에 백스윙은 아웃사이드로 올라간다.

밖에서 안으로 높은 위치에서 낮은 위치로 컷 기미로 스윙하기 때문에 피니시는 낮은 위치에 정착한다.

결론적으로 슬라이스를 교정하고 싶은 경우에는 훅볼 또는 높은 샷을 치는 세트업으로 하면 되는 것이다. 이와 같은 4종류의 세트업을 확실히 알아 두면 실전 플레이에서 큰 도움이 되고 슬라이스 또는 훅으로 고민했을 때의 교정도 쉽게 할 수 있을 것이다.

슬라이스를 치고 싶지 않다며 왼손을 포개거나 클럽 페이스를 왼쪽으로 향하고 어드레스하는 사람이 있는데 이는 근본적인 해결이 안된다. 샷이 구부러지는 경우에는 스윙의 궤도를 우선 체크해야 한다. 구부러지는 것을 바로 잡고 싶으면 구부리는 세트업을 교정 방법에 받아들이면 되는 것이다.

제 7 장

스윙을
마스터하자

백스윙에 대하여

파워를 만들어내기 위해서
몸은 '돌리는' 것이 아니고 '비트는' 것

골프에서 '몸을 돌린다'와 '몸을 비튼다'는 표현이 동일시 사용되는 경우가 많다. 하지만 엄밀히 하자면 말에서 주는 이미지는 다르다.

몸을 돌린다고 하면 몸 전체를 오른쪽 또는 왼쪽으로 말 그대로 돌리는 이미지이다. 빙그르르 몸의 방향만 바꾸어도 돌린 것이 되므로 거기에는 근육의 긴장감이 생기지 않는다. 골프의 스윙은 볼을 계속해서 보는 자세를 바꾸지 않고 몸을 비튼다고 하는 이미지를 가져야 한다.

허리나 어깨는 돌아도 얼굴이 볼에서 떨어지거나 머리가 움직여 버리면 아무 소용이 없다. 어드레스 자세에서 시선을 바꾸지 않고 몸을 비트는, 이것이 정확한 톱 오브 스윙을 만들어내는 백스윙이다.

따라서 기본적으로 몸을 비트는 감각을 몸에 기억시키는 것이 좋은 자세 만들기로 이어진다.

몸을 비트는 감각을 기르려면 사진과 같이 양 팔을 끼고 시선을 볼에 고정시키고 왼쪽 어깨가 오른발 안 쪽의 위까지 오도록 비튼다. 등부터 몸의 왼쪽 사이드에 걸쳐서 상당한 긴장감이 생길 것이다.

뚱뚱한 사람, 마른 사람, 몸이 굳은 사람 등 개개인의 신체조건이 다양하니까 이러한 움직임이 다소 괴로우면 왼발 뒤꿈치를 띄워도 상관없지만 어디까지나 비틂을 보조하는 힐업이어야 한다.

우측 허리가 오른쪽으로 스웨이 되거나 오른쪽 사이드가 늘어나면 등부터 왼쪽 사이드에 걸친 긴장이 생기지 않는다.

단지 몸을 오른쪽으로 돌리는 것이 아닌, '비튼다'라고 하는 이미지를 새겨 넣기 위해서는 이 체조가 매우 효과적이다. 클럽을 쥐지 않아도 매일 5분 정도만 실시하면 백스윙과 톱 오브 스윙의 감각을 충분히 기를 수 있다.

96

양 팔을 끼고 시선을
볼에서 떼지 않고 몸
을 비튼다.

'휘둘러 올리는' 의미를 이해하자

백스윙의 이미지를 잘 모르겠다고 호소하는 사람이 적지 않다. 그런 사람은 손을 올리는 데에만 온통 신경이 가있는 경우가 많다.

어드레스와 톱 오브 스윙을 비교해 보면 확실히 손은 올라가 있는 것이 맞지만 손 만을 올리는 동작은 아니다. 기본적으로 몸을 비트는 동작이 있어야 하는 것이다.

따라서 백스윙은 '휘둘러 올린다'고 이해하자. 그저 손을 들어 올리는 것이 아니다. 이 '휘두르기'에는 몸을 '비튼다'고 하는 뉘앙스가 들어 있다. 몸을 비틀면서 팔을 올려가는, 즉 가로와 세로의 움직임이 하나가 되어야 비로소 올바른 톱 오브 스윙의 위치를 만들어 낼 수 있다.

벙커에서의 달걀 노른자 탈출과 같이 갑자기 손을 콕(cock)해서 업라이트로 클럽을 올리는 것과 달리 몸을 비틀면서 손을 올리는 것이다. 손목으로 가볍게 클럽을 들어 올리는 것 만으로는 파워를 이끌어 내는 몸의 비틀기가 생기지 않는다.

몸을 비트는 것이 먼저이니까 축이 이동하지 않는 한 클럽 헤드는 지면에서 갑자기 떨어지는 일 없이 인사이드로 끌릴 것이다. 흔히 '낮게 테이크백하라'고 말하는 것 역시 몸을 비틀라고 하는 의미이다.

손 만으로 클럽을 들어 올리려고 하면 팔과 몸이 다른 움직임을 해 버린다. 극단적인 표현을 하자면 몸의 우측 면까지 클럽을 끌어 당기고 거기에서 손을 올리는 이미지라고도 할 수 있다.

몸을 비틀고 나서 손을 올리기 위해서는 그 나름대로의 템포가 필요하다. 성급한 백스윙에서는 바랄 수도 없다. 이제 '휘둘러서(비틀어서) 올린다'와 그저 올리는 것의 차이를 이해하자.

몸의 우측 사이드까지 클럽을
끌어 당기고 나서 손을 올리는 이미지

오른쪽 엄지를 눌러 두면 무릎은 달아나지 않는다

백스윙에서는 힘을 지탱해주는 발로서의 오른발이 중요하다.

우측 무릎의 위까지 왼쪽 어깨를 돌린다고 해도 축이 되는 우측 무릎이 움직여버리면 아무 소용이 없다.

어드레스를 한 위치에서 우측 무릎이 밖으로 달아나지 않게 하려고 미리 우측 무릎을 안으로 조르는 사람이 있다. 나쁜 것은 아니지만 너무 의식적으로 하면 몸을 비틀기 어렵게 된다. 또한 무릎 만을 안으로 조르려는 형태에만 구애되어도 좋은 결과는 얻을 수 없다.

중요한 점은 '무릎부터 아래'이지 무릎 그 자체가 아니기 때문이다. 백스윙에서 우측 무릎이 달아나지 않도록 하기 위해서는 어드레스에서 오른발의 엄지를 안쪽으로 약간 눌러 두는 감각을 가지면 좋을 것이다. 신발 속에서 엄지가 놀고 있는 것은 좋지 않다.

'대지를 그립한다'고 하는 표현도 있듯 엄지로 대지를 눌러 둔다는 의식을 가지면 자연히 우측 무릎을 안으로 조르는 감각이 생기고 힘받이 발로서의 인식도 생긴다. 앞 페이지에서 말한 클럽을 쥐지 않고 팔짱을 끼고 '몸을 비트는 체조'를 하면서도 시험해보자. 단지 우측 무릎을 안으로 조르는 것이라고 생각하면 몸 전체가 부자연스러워진다.

그 보다는 우측 발 엄지로 대지를 누르고 서는 습관을 들여 두면 몸의 비틂을 스무스하게 실시할 수 있을 것이다. 힘받이 발의 인식을 가지면 백스윙에서 몸의 우측 사이드가 펴지는 일은 걱정 안해도 된다.

손을 어디로 올릴까를 생각하기 전에 오른발을 축으로 해서 몸을 비트는 동작을 몸에 익히는 것이 먼저이다.

축이되는 오른쪽 무릎은 어드레
스의 형태로

어드레스에서 오른발
엄지를 눌러두는 감
각으로

톱 오브 스윙이란

정확한 톱의 위치를 알고 있는가
샤프트를 비구선에 대해서 수평으로

정확한 톱 오브 스윙이란? 하고 질문을 받으면 당신은 어떻게 대답할까? 아마 '어깨가 충분히 돌고 있는 것'이라고 하는 대답이 가장 많으리라고 생각한다. 어깨가 돌고 있는 것은 한 마디로 말하자면 샤프트(shaft)가 비구선에 대해서 수평 또는 평행으로 정착해 있는 것이다.

어깨를 제대로 돌리려는 노력도 필요하지만 우선 전체적인 이미지를 확실하게 파악해야 한다.

클럽이 비구선과 평행으로 정착하는 톱 오브 스윙을 이미지하게 되면, 어깨를 돌린다고 한 것이 사실은 왼쪽 어깨가 떨어지고 있을 뿐이라든가 오버 스윙 혹은 샤프트가 비구선과 엇갈리는 듯한 방향에 정착한다고 하는 실수가 적어진다. 부분을 의식하기보다는 전체를 이미지 업해서 정확한 위치로 올라가도록 노력하라는 것이다.

테이크백을 어떻게 취하면 된다라든가 콕은 어떻다라고 하기 전에 샤프트가 비구선과 평행한 위치에 정착하는 형태를 우선 만들어 보도록 하자. 자신의 눈으로 확인할 수 없으면 누군가에게 봐달라고 부탁해볼 필요도 있다. 스스로는 정확하다고 생각하고 있어도 잘못되어 있는 경우는 흔히 있는 것이다.

지면과 평행의 위치에 정착한다고 하는 것은 몸이 제대로 비틀려진 증거이며 비구선과 평행이 되고 있는 것은 정확한 궤도를 따라서 휘둘러 올려진 결과이다.

'백스윙의 정의를 모르겠다'고 말하는 골퍼 또한 많다. 이러한 말을 하는 골퍼라면 정확한 톱 오브 스윙의 위치를 알아 둠으로써 자신이 어떻게 백스윙하고 있는지 체크할 수 있을 것이다. 우선 전체를 이미지하고 부분 수정에 들어가도록 하자.

왼손 손등과 왼팔은 일직
선 상에 있고 오른쪽 팔꿈치
는 아래를 향한다.

왼쪽 어깨가 오른쪽
무릎 위까지 돌고
샤프트는 수평으로
정착한다.

제7장 스윙을 마스터하자 103

톱에서 멈추면 안 된다는 법칙은 없다

안정된 샷을 하기 위해서는 백스윙에서의 톱 오브 스윙의 위치를 안정시키는 것이 무엇보다 중요하다. 스윙면으로부터 벗어난 궤도로 올라가고 있으면 도중에 수정하지 않는 한 정확한 임팩트는 바랄 수 없다. 그런데 톱 오브 스윙부터 임팩트까지의 시간은 1초도 채 되지 않기 때문에 내려치는 동안 수정해서 어드레스의 위치로 정확하게 되돌린다고 하는 등의 기술은 불가능에 가깝다. 몸이 반사적으로 오른쪽이나 왼쪽으로 가는 것을 막는 것이 고작이다.

항상 같은 스윙을 하기 위해서는 톱 오브 스윙의 형태가 항상 정확하게 정해져 있어야 한다. 정확한 톱 오브 스윙의 형태를 알기 위해서는 한 번 톱에서 멈추어 볼 것을 권한다.

기본이 완성되어 있는 사람은 굳이 정지시킬 필요도 없고 또한 불필요한 조언일지도 모른다. 그러나 앞으로 스윙 폼을 만들어 가려고 하는 사람은 톱 오브 스윙에서 한번씩 멈춰 봄으로써 몸이 확인하는 습관을 들인다. 순간이나마 톱 오브 스윙에서 한 번 멈추고 거기에서 다운 스윙으로 이동한다. 이 얼마 안 되는 순간의 정지가 당신의 스윙의 좋은 타이밍을 만듦과 동시에 몸의 비트는 감각을 근육이 기억해 준다.

샷이 불안정하면 스윙의 템포가 빨라져서 그만 기세에 맡겨 처리하려고 하기 쉽다. '어쨌든 클럽을 휘둘러 봐야 결과를 알 수 있다' 는 식이어선 언제까지나 스코어는 좋아지지 않는다.

톱 오브 스윙에서 멈춰서는 안 된다고 하는 법칙은 없다. 우측 무릎의 위까지 왼쪽 어깨가 돌고 있는 것을 확인하고 나서 다운 스윙으로 이동하는 연습을 반복함으로써 톱 오브 스윙의 형태를 완전히 익혀 불안감이 자신감으로 변할 것이다.

톱에서 멈추어 다운스윙으로
이동하는 자세를 익혀 놓으면
매우 '이득'이 된다.

정확한 톱을 익히는 연습 방법
오른손 하나로 샤프트가 수평이 되는 톱을

볼을 치는 것은 오른팔이다.

물론 왼팔의 리드가 있어야 가능한 이야기이지만 펀치를 주는 오른팔이 톱 오브 스윙에서 정확히 정착해있지 않으면 오른팔의 움직임이 복잡해져서 과감히 볼을 칠 수 없다. 따라서 오른팔에 정확한 톱 오브 스윙의 형태를 인식시켜 둘 필요가 있다. 양 팔로 클럽을 쥐고 스윙하면 왼쪽과 오른쪽 각각의 역할이 확실하게 느껴지지 않으므로 오른팔 하나로 클럽을 휘둘러 본다. 오른팔만으로 클럽을 쥐고 샤프트가 수평으로 타깃 라인과 평행이 되는 톱 오브 스윙을 만든다.

그 때의 오른쪽 팔꿈치의 방향, 오른쪽 손목의 콕(cock)의 방법을 몸에 기억시키는 것이다. 이상하게도 양팔로 백스윙하면 오른쪽 팔꿈치가 뜨는 사람이라도 오른팔만으로 해 보면 오른쪽 팔꿈치는 아래 쪽을 가리키고 있기 마련이다. 이 때 로보트와 같이 톱 오브 스윙에서 멈춰 보고 샤프트의 정착 상태를 잘 체크해 두자.

오른쪽 팔꿈치가 아래쪽을 향하고 있어도 손목의 관절 여하로 샤프트의 정착 상태와 클럽 페이스의 방향은 꽤 달라진다. 그러므로 손목을 빙글빙글 움직여봐서 타깃 라인과 평행이 되었을 때의 손의 콕을 잘 익혀둔다.

오른쪽 팔꿈치가 떠서 샤프트가 타깃라인과 크로스해 버리면 클럽 헤드는 루프를 그리듯 내려 온다. 클럽 헤드는 멀리 도는데다가 샤프트가 눕기 때문에 클럽 페이스는 벌어져 버린다. 톱 오브 스윙에서 샤프트가 수평으로 타깃 라인에 대해서 평행이 되지 않으면 심플한 다운 스윙은 얻을 수 없다. 또한 오른팔을 살리기 위해서도 톱 오브 스윙의 위치가 얼마나 중요한지를 통감해야 하므로 필히 오른팔 하나로 톱 오브 스윙을 만들어 보기를 권한다.

오른팔 하나로 손, 클럽의
정착법을 학습해보자.

타깃라인과 평행이 되도록.
위의 사진보다 오른쪽 팔꿈치가
뜨면 커트 치기가 된다.

　백스윙할 때의 템포에도 배려해 두자. 오른팔 하나 뿐이라면 백스윙을
서둘러서 취할 수는 없다. 반복해서 하고 있는 사이에 저절로 일정한 템
포가 생긴다.
　그리고 그 템포는 여느 때의 템포보다 느릴 것이다. 클럽 헤드의 무게
도 느낄 수 있을 것이다. 느린 템포로 여기가 톱 오브 스윙이라고 하는
위치를 확실히 익히도록 하자.

체중 이동을 익히는 연습 방법
톱은 오른발, 피니시는 왼발로 선다

체중 이동만큼 '생각'과 '실제'에 차이가 있는 것은 없다. 백스윙의 톱에서 오른발에 체중이 실리고 있는 느낌으로 있어도 실제로는 오른발은 튀어 나와 있을 뿐. 왼쪽 어깨가 오른발의 위까지 돌지 않고 앞으로 떨어져서 왼쪽 체중의 톱 오브 스윙이 되고 있는 경우가 많다.

피니시에서도 마찬가지라고 말할 수 있다. 체중을 오른쪽에서 왼쪽으로 옮기므로써 몸이 흔들리거나 왼발로 체중을 지탱하고 있다고 생각한 것이 사실은 오른발 체중이었다거나 하는 경우가 있다.

오른발 또는 왼발 위에서 체중을 지탱하고 있는지 어떤지를 체크하면서 자신이 정확한 체중 이동을 느낄 수 있는 방법을 소개한다.

우선 백스윙을 해서 톱에서 멈춘다. 다음에 왼발을 오른발의 발 끝 앞까지 옮긴다. 이 때 오른발에 가지런히 모으듯이 접근시키면 밸런스가 무너진다.

왜냐하면 약간 구부러진 오른쪽 무릎이 비틀기 지점이 되고 있기 때문이다. 몸을 비틀리고 있는 쪽으로 돌려서 왼발을 오른발 발 끝 앞으로 옮기는 편이 매끄럽게 옮길 수 있다. 즉, 목표방향으로 등을 돌리는 형태가 되어 왼발은 오른발 발끝 앞에 T자로 놓이는 형태가 된다.

톱 오브 스윙에서 오른발에 체중이 실려 있으면 왼발을 띄워서 오른발 앞으로 옮길 수 있다. 그러나 오른발에 체중이 실려 있지 않으면 밸런스를 무너뜨려 버린다. 피니시에서는 톱 오브 스윙과는 완전히 반대로 오른발을 왼발 발 끝 앞까지 옮긴다. 다 치면 왼발 하나로 서는 것이 골프다. 피니시 후 곧 앞으로 걸어 나갈 수 있는 느낌의 자세면 다 된 것이다.

이 체크 방법으로 체중 이동을 매끄럽게 할 수 없는 사람은 기본적인 몸을 비트는 동작이 되어 있지 않는 것이다.

몸의 비틀을
돕기 위해
힐업해도 좋다.

톱에서 멈추어 왼발을 오른발 앞으로 옮기고 피니시에서는
반대로 오른발을 왼발 앞으로 가져온다. 이 움직임으로 체
중 이동을 느낄 수 있다.

　이 장의 처음으로 다시 한번 되돌아가서 양 팔을 끼고 몸을 비트는 체
조도 다시 한 번 연습해보자.

다운스윙에서 피니시로

백스윙은 좋은데 실수를 하는 이유
제대로 쳐내겠다는 욕심을 버린다

세트업과 백스윙을 제대로 할 수 있으면 굿 샷이 약속된 것 같지만 이것으로 완전한 것은 아니다.

'다운 스윙의 위기'가 남아있기 때문이다. 인간이 로보트가 될 수 있으면 다운 스윙의 위기는 존재하지 않는다. 그러나 로보트가 완전히 될 수 없기 때문에 모처럼 좋은 백스윙을 해도 결과적으로 보답받지 못하는 경우도 생긴다. '골프가 골프인 이유'이다.

다운 스윙의 위기를 극복하기 위해서는 우선 기술을 익힐 때까지 '치는 욕심을 버린다'고 하는 것이다. 공을 '제대로 쳐내겠다'고 마음 먹는 것은 템포가 빨라지는 것을 의미한다.

프로라도 템포가 빨라지면 자칫 실수를 할 수가 있기 때문에 스윙이 빨라지지 않도록 하는 생각을 항상 유지한다. 그렇게 함으로써 톱 오브 스윙에서 '틈'이 생겨 '좋은 느낌'의 임팩트로 이어질 수가 있다. 공을 쳐내고 싶은 마음을 버린다고 하는 것은 히트하고 싶다고 하는 유혹의 본능을 잠시 유보하고 다른 데로 전환시키는 것이며 그것은 바로 스윙의 이미지를 갖는 것이다. 어드레스, 톱 오브 스윙, 피니시라고 하는 일련의 움직임을 순간순간의 이미지로서 파악하는 것이다.

시각적으로 얻는 것이 가장 강렬하기 때문에 가능한 한 능숙한 사람의 폼을 보는 것이 도움이 된다. 이렇게 하면 TV 골프 프로그램을 보는 시각도 바뀔 것이다. 코스의 여러 가지 상황에 따른 샷의 피니시를 보고 이를 이미지화 하는 것은 매우 중요하다. 이 책에 다른 책보다 많은 연속스윙 사진을 수록한 이유도 그 때문이다.

좋은 이미지가 정착하면 다운 스윙에서 '유혹의 손짓'에 마음을 뺏기는 경우가 줄어들며 이에 초연한 스윙이 되면 템포가 일정해진다.

어드레스부터 톱, 다운, 그리고 피니시까지 일정한 템포로 휘두른다.

왼팔과 오른팔의 역할
왼팔은 아내와 같은 존재이다

골프는 왼팔이 중요하다고 하는 사람이 많다. 심지어 프로골퍼의 세계제패를 보며 '왼팔이 세계를 지배한다'고 까지 하는 사람이 있을 정도로 스윙은 왼팔만으로 하는 것이라고 착각하는 사람이 적지 않다.

그러나 그것은 편협한 생각이다. 왼팔의 중요성이 아무리 강조된다고 해도 볼을 치는 것은 어디까지나 오른손이다. 대개의 사람들이 오른 손잡이며 잘 쓰는, 힘을 쓸 수 있는 팔을 제대로 사용하지 않으면 볼도 멀리 날릴 수 없다. 그렇다고 왼팔이 세계를 지배한다는 비유의 말 또한 전혀 틀린 것은 아니다. 왼팔이 스윙의 키잡이 역할을 하기 때문이다. 모든 일이 다 그렇지만 키잡이를 틀리면 성공하지 못한다. 그러한 의미로서의 왼팔이 중요하다는 것이다.

따라서 왼손은 리드하기 쉽도록 스퀘어로 쥐어야 한다.

손 등이 위를 향할 정도로 덮어 버리면 오른손의 사용에 따라서 훅이 심해진다. 일시적으로 슬라이스 방지를 위해서 왼손을 덮는 방법도 있지만 바람직하지는 않다. 슬라이스라고 하는 것은 홍역과 같은 것이다.

스윙은 어느날 갑자기 완성 할 수 있는 것이 아니기 때문에 슬라이스를 해도 당연하다고 여겨야 한다. 몸을 비틀어 손의 정확한 사용법을 알게 되면 서서히 슬라이스는 고쳐지기 마련이며 최종적으로는 오른손을 과감히 사용해도 구부러지지 않고 멀리 날릴 수 있게 된다. 왼손을 덮는 방법은 오른손을 사용하는 만큼 당기게 된다. 운전을 할 때 기어를 넣은 후 똑바로 달려 나갈 준비를 하는 것과 마찬가지이다.

다시 말해 왼손은 아내와 같은 존재로 아내의 키잡이 역할이 잘 되면 남편은 힘껏 일에 몰두할 수 있는 세상 이치와 같다. 오른손을 살리고 싶다면 왼손의 역할이 무엇인지를 정확히 이해하는 것이다.

왼팔과 오른팔이 서로의 역할을 잘 해낼
때 제대로된 스윙이 완성된다

오른손으로 치는 정확한 의미를 알자
왼팔이 움츠러들기 때문에
오른팔이 펴져서 나쁜 요인이 된다

오른손을 너무 사용해서 스윙이 나빠졌다고 표현을 하는 사람이 있지만 이것은 옳지 않다. 다운 스윙부터 임팩트에 걸쳐서 왼팔이 움츠러들기 때문에 오른팔이 펴져서 나쁜 요인이 되어 버리는 것이다.

왼팔이 움츠러들고 오른팔은 어드레스 그대로인 채라면 클럽은 허공을 갈라 버린다. 그 반대로 오른팔이 볼을 치기 전에 펴지면 왼팔은 구부러질 수밖에 없다. 어느 쪽인가가 펴지면 한 쪽은 구부러지기 마련이다.

어드레스에서는 왼팔을 편 상태로 있었다.

백스윙에서는 오른쪽 손목은 콕(cock)하고 오른쪽 팔꿈치는 구부러져서 타깃 라인과 평행되게 하고 친다. 이 오른팔과 왼팔의 관계는 임팩트까지 무너뜨려서는 안 된다. 오른손으로 친다고 하는 것은 어드레스의 형태를 무너뜨리지 않는 것이다. 제대로 비틀어 올리고 비틀어 되돌리면 도중에 오른팔이 펴지는 일은 없다. 그런데 많은 사람이 오른팔을 펴고 있는 것은 정확하게 비틀어 올릴 수 없기 때문이다.

오른발에 체중이 실린 채 왼쪽 어깨가 오른발의 위까지 돌고 몸이 비틀려져 있으면 다운 스윙은 왼쪽 허리부터 시동할 수 있다.

그러나 체중이 왼쪽에 실린 채로는 오른손부터 스타트할 수밖에 없고 따라서 스윙이 펴져 버리는 것이다. 오른손을 제대로 사용하기 위해서는 왼쪽 허리부터 다운 스윙할 수 있는 준비, 즉 정확한 톱 오브 스윙의 형태가 전제가 된다.

그것이 잘못되어 있으면 왼쪽의 키잡이가 제 구실을 못한 채 불능이 되어 오른손이 해야 할 일을 죽여 버린다.

왼팔을 편 채 임팩트를 맞기 위해서는 오른발로 체중을 받는 톱 오브 스윙이 필요하다.

몸이 정확하게 비틀려 있으면
왼팔의 리드로 휘둘러 내려져 온다.

왼팔이 구부러지면 오른손에 나쁜 요인
이 되고 왼팔이 펴져 있으면 오른손이
정확한 역할을 해 준다.

열어치면 슬라이스, 닫아치면 훅

스윙 궤도가 아웃사이드 인이 되면 모두 슬라이스냐 하면 그렇지 않다. 목표의 왼쪽으로 낮은 타구가 나는 당김도 아웃사이드 인의 궤도에서 생긴다. 볼이 슬라이스가 되지 않고 당겨지는 것은 클럽 페이스가 닫힌 상태로 볼을 뒤집어쓰고 들어오기 때문이다. 즉, 스윙의 궤도와 클럽페이스 방향의 조합으로 인해 결과적으로는 정반대의 방향으로 나는 2종류의 샷이 나오게 되는 것이다.

마찬가지로 인사이드 아웃으로 휘둘렀다고 해서 전부가 훅볼이 된다고도 할 수 없다. 클럽페이스의 상황에 따라 오른쪽 방향으로 밀어 내는 샷도 나온다. 목표의 오른쪽으로 날아 가는 것이 모두 슬라이스로, 원인이 한가지라고는 말할 수 없는 것이다.

단순히 스윙의 궤도에서 생기는 슬라이스는 일단 목표의 왼쪽으로 나가서 오른쪽으로 커브한다. 친 후 그대로 오른쪽 방향으로 나가는 것은 클럽 페이스의 방향에 문제가 있는 것이다.

목표보다 오른쪽으로 날아가서 오른쪽으로 커브하는 것은 스윙의 궤도와 클럽 페이스 방향의 양 쪽이 원인이 된다. 휘둘러 내리는 궤도는 세 가지 밖에 없다. 안에서 밖으로 또는 밖에서 안으로, 아니면 스트레이트의 3가지다. 궤도대로의 결과라면 교정도 애먹지 않는다. 그런데 클럽 페이스의 방향이 복잡하게 서로 얽히면 교정도 애를 먹는다.

슬라이스가 싫어서 클럽 페이스를 덮어서 치는 사람이 있다. 이것은 생각지 않은 당김이 나오게 되고 슬라이스가 되더라도 타구가 낮아진다.

손 끝으로 샷을 교정하려고 생각하지 말고 어디까지나 스윙의 궤도로 교정하도록 하자. 그런 의미에서는 초보자는 자연 발생적인, 말하자면 있는 그대로의 슬라이스를 치는 것도 중요하다.

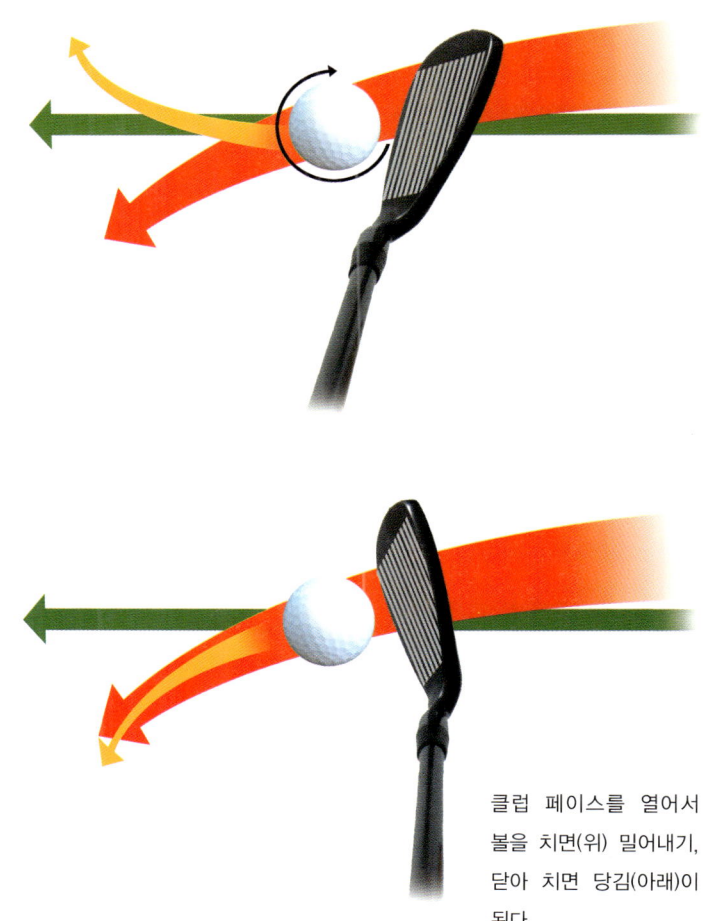

클럽 페이스를 열어서
볼을 치면(위) 밀어내기,
닫아 치면 당김(아래)이
된다.

훅파인가 슬라이스파인가
피니시에서 스윙 궤도를 관리한다

기본 동작을 이해할 수 있게 되었으면 이제 무작정 스윙하고 그 결과에 웃고 우는 것이 아닌, 어떤 샷을 할까를 미리 선택할 줄 아는 것이 중요하다. 구체적으로 말하자면 훅을 치느냐 슬라이스로 공격하느냐라고 하는 것에 대한 결단이라고 할 수 있다.

공줄기가 잘못되면 스윙 궤도도 달라진다. 당연히 피니시의 정착법도 달라진다. 이러한 잘못을 범하지 않으려면 스윙의 궤도를 피니시에서 관리한다는 생각을 갖도록 한다. 피니시에서 궤도를 머릿속으로 그리며 이미지 하는 것이 중요하다는 말이다.

훅을 치려고 결정한다면 클로즈 스탠스를 취하고, 오른쪽 팔꿈치, 오른쪽 어깨를 당겨서 볼을 조금 옆에서 보는 준비 자세를 취하고 백스윙을 인사이드로 취하기 쉬운 준비를 한다.

스윙 궤도의 이미지는 인사이드 아웃이다. 이것은 단순히 임팩트 지점에서 안에서 밖으로 클럽을 내민 채 공을 치라는 의미가 아니다. 몸을 회전하기 때문에 클럽 헤드가 타겟 라인의 안 쪽으로 들어오면서 다운 스윙부터 임팩트에 걸친 클럽 헤드의 들어가는 궤도가 인사이드에서 아웃사이드로 휘두르는 이미지다.

피니시에서는 당연히 손의 위치가 높아진다. 높은 탄도의 샷을 치는 피니시와 공통점이 있다. 슬라이스를 치는 경우는 훅과 정 반대다.

따라서 피니시의 형태와 손의 정착하는 위치를 파악한 다음에 피니시부터 거꾸로 톱 오브 스윙으로 스윙을 되돌려 봄으로써 어떤 백스윙을 해야 하는지를 보다 쉽게 이해할 수 있을 것이다.

아웃사이드 인의 궤도
왼발을 잡아 당기고 볼
의 바로 위를 보는 준
비 자세.

인사이드 아웃의 궤도
스퀘어로 선 상태에서
오른발을 잡아 당기고
머리는 볼 뒤

좋은 스윙연습을 실전으로 연결시키기 위해서
미스를 해도 피니시를 취하는 습관을

좋은 폼으로 칠 수 있다고 하는 것은 어드레스, 톱 오브 스윙, 피니시의 3가지 포인트가 확실히 머릿속에 들어가 있다는 얘기이다.

톱 오브 스윙에서 피니시로 몸의 방향을 바꾸는 리듬을 연습으로 몸에 익혀두면 코스에 나갔을 경우에도 불안감이 없다.

항상 연습하고 있는 것을 떠올려서 스윙 연습을 하고 볼을 향해도 스윙 연습을 재현할 수 있도록 해 주기 바란다.

'스윙 연습 때는 잘 되는데 막상 볼을 칠 때에는 전혀 다르다.' 라고 하는 이야기를 흔히 듣는다. 이 경우의 스윙 연습은 아무런 목적의식 없이 그저 휘둘러왔을 뿐이기 때문이다. 아무리 스윙 연습이라도 무엇을 떠올리고 있는지 어디를 체크하고 있는가라고 하는, 분명한 목적의식을 갖고 있는 상태에서 비교할 만한 원형이 되는 것이 반드시 있어야 한다.

스윙 연습이 실전에서 제대로 살아나지 않는 것은 기초가 되는 폼 만들기가 이루어져 있지 않기 때문이다. 항상 정확한 피니시를 취할 수 있도록 해 두면 스윙 연습이든 실전이든 몸이 그 감각을 항시 기억하고 있기 마련이다. 뒤땅치기나 톱이라고 하는 초보적 실수는 차치하고 다소 슬라이스를 한다해도 마음의 동요없이 자연스러운 피니시를 취하고 있어 주기 바란다.

아울러 깨끗한 스윙폼을 이미지하고 그 이미지대로 휘두르는 습관을 몸에 익힘으로써 실수했을 때의 원인도 쉽게 밝혀 낼 수 있다. 스윙 연습에서 여러 스타일로 소리를 내며 매우 진지하게 치는 사람이 있다. 실전에서의 이미지를 반영하는 것이 스윙 연습이기 때문에 스윙연습에서 진지하게 휘두르는 사람은 실전에서도 자기가 가진 실력을 십분 발휘할 수 있게 되는 것이다.

인사이드 아웃의 궤도로
치면 피니시는 높은 위치
에 정착한다.

볼을 향하면서도 머리 속
에는 스윙 연습이 재현될
수 있도록

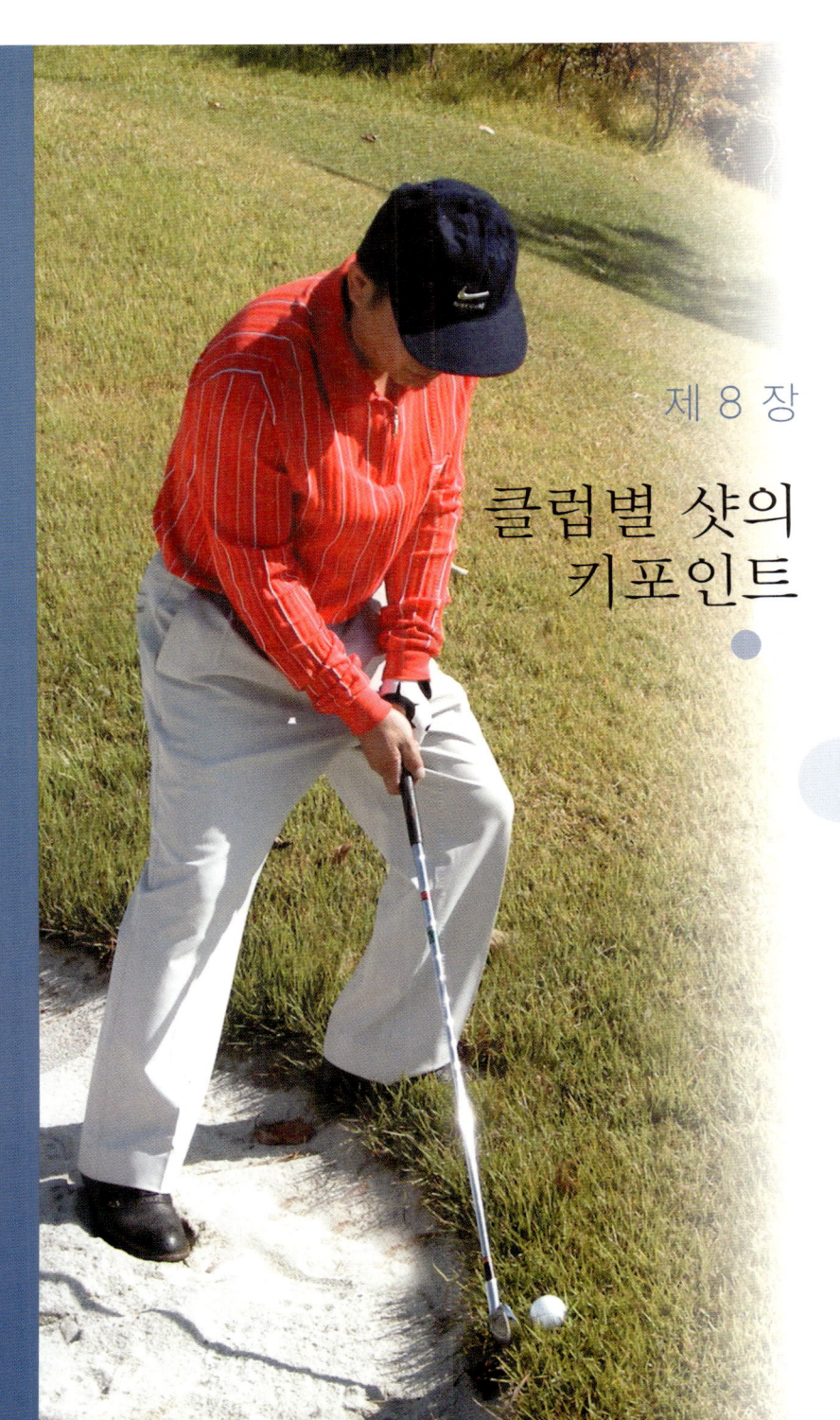

제 8 장

클럽별 샷의
키포인트

드라이버 샷에 강해지는 비결
드라이버로 어프로치해 보자

드라이버를 손에 들면 200야드 날지 않으면 안 된다고 생각해 버리는 사람이 많다. 야구로 말하자면 갑자기 홈런을 치려고 하는 것과 같다. 운전을 처음 해보는 사람이 갑자기 고속도로를 120km로 달리는 것과 같다. 너무 성급하다고 생각되지 않는가?

야구의 배팅 연습에서는 토스 배팅이라고 해서 상대가 주는 공을 정면으로 되받아 치는 것부터 시작하지 않으면 처음에는 공을 맞출 수도 없다. 처음부터 힘껏 휘둘러봐야 안 되는 것이다. 이것을 골프의 드라이버 샷에 적용시키면 드라이버로 어프로치샷을 하는 것이 된다.

한두번 스윙 연습하고 200야드 앞의 네트에 맞히려고 하지말고 먼저 어프로치를 쳐 보자. 50야드, 100야드를 쳐 보는 것이다. 뒤땅을 치거나 헛스윙을 하는 사람도 있겠지만 '이상하게 상태가 틀어져 버린다'고 말하면 틀리는 말이다. 클럽 페이스의 관리가 되어 있지 않은 것이다. 그냥 휘두르면 맞는데 마음 먹고 치려고 하면 맞지 않는다는 식의 모순된 이야기는 할 필요가 없다. 무의식 중에 기본을 얼버무리고 있는 것이다.

자세를 취한 위치로 손을 되돌리는, 즉 페이스 면의 관리를 제대로 하는 사람은 딱하고 맞히는 편도 쉬울 것이다. 드라이버를 쥐어도 어프로치의 감각으로 스윙할 수 없으면 안 된다. 다른 것은 스윙의 크기와 스피드일 뿐 기본적인 몸의 움직이는 법은 같다.

드라이버로 어프로치하는 방법은 스윙의 좋은 체크법도 된다.

아무리 쳐도 드라이버가 안 나간다고 할 때에는 휘두르는 것을 그만두고 어프로치해 보자. 손이 늦고 있다, 볼을 올리려고 하고있다, 손목을 움직이고 있다라고 하는 등의 원인을 찾아 낼 수 있다. 움직임이 작고 슬로가 되기 때문에 어디가 이상한지 당신 스스로 쉽게 느낄 수 있다.

어프로치의 감각으로 드라이버
를 휘둘러 본다.

아이언 샷의 게임 플랜
핀을 노리는 것보다는 프론트 에지를 노려 가자

초보자는 아이언 샷의 게임 플랜을 어떻게 생각하면 좋을까?

프로가 핀을 노려 근접시켜 간다고 해서 같은 사고 방식으로 임해도 되는 것일까? 기술 레벨이 다르기 때문에 초보자는 초보자 나름대로의 플랜을 가지는 것이 필요하다. 그럼 어떻게 하면 좋을까. 한 마디로 말하자면 핀을 노리지 않는 것이다.

그린의 프론트 에지를 목표로 해서 게임을 계획하는 것이다. 많은 사람이 핀을 향해서 치는 것이라고 믿고 있지만 핀을 향해 거리를 맞춰 친다는 것은 상당히 고도의 기술을 필요로 한다. 만약 그린이 항상 평평하고 주변에 벙커나 연못이라고 하는 해저드(hazard)가 없고 핀이 항상 그린 중앙에 있다면 얼마든지 핀을 노리고 공격할 수도 있을 것이다. 하지만 실제의 그린은 그렇지 않다. 그렇기 때문에 골프이고 재미 또한 가중되는 것이라는 것을 알아야 한다.

기술적인 뒷받침이 없이 핀을 노리는 것은 무모하다. 적어도 스코어를 생각한 플레이라면 초보자는 초보자답게 프론트 에지에 멈추는 플랜을 기본으로 해야 한다.

자칫 그린 중앙의 핀을 노렸다가 쇼트하면 벙커, 좌우로 구부러지거나 그린을 넘기면 러프(rough)나 계곡 속으로 볼이 빠지고 마는 등, 최악의 경우가 되면 점점 손을 들고싶어지게 된다.

그것을 막기 위해서라도 초보자 시절에는 항상 '통로길'을 이용한다.

다소 잘못친다 해도 핀보다 뒤 쪽으로는 가지 않는, 그린 오버를 하지 않기 위해서는 프론트 에지에 떨어뜨리는 것으로 일관해야 한다.

명심해야 할 사항을 제대로 기억하면서 게임에 임하는 골퍼는 기술이 향상하면 할 수록 게임 운용의 폭이 넓어지게 된다.

NO

YES

겨냥은 핀이 아닌
프론트 에지.
아이언 샷은
상체를 일으켜서
자세를 잡는다.

오른손을 왼쪽 옆구리에 끼우고 왼팔만으로 휘둘러본다

임팩트에서 왼쪽 팔꿈치가 당겨져서 잘못된 스윙이 되는 것을 막기 위해서는 임팩트 후에 왼팔이 턴(turn)하는 동작을 익힐 필요가 있다. 손이 뒤집힌다고 하는 것은 왼쪽 팔꿈치가 아래를 향하는 것이다.

백스윙에서 오른쪽 팔꿈치가 떠서 다른 쪽을 향하면 스윙의 궤도가 틀어지듯이 임팩트 후는 왼쪽 팔꿈치의 방향이 포인트다.

왼팔은 스윙을 리드하는 것이기 때문에 팔꿈치가 다른 쪽을 향해 버리면 잘못된 리드를 해 버린다. 흔히 '왼쪽 옆구리를 조르라'는 레슨을 듣게 되는데 손이 뒤집혀서 왼쪽 팔꿈치가 아래를 향하면 자연히 왼쪽 옆구리는 벌어지지 않는다.

이 감각을 스스로 느끼는 방법으로서 오른손을 왼쪽 옆구리에 끼우고 왼팔만으로 스윙을 해 보자. 손이 뒤집히면 왼쪽 옆구리 밑에 넣은 오른손은 압박하는 듯한 감각이 있을 것이다. 왼쪽 팔꿈치가 아래를 향하지 않고 밖을 향한 채의 팔로스루에서는 왼쪽 옆구리는 벌어져 버려서 오른손에 영향을 주지 않는다.

처음은 쇼트 스윙부터 시작해서 차츰 손을 뒤집는 감각을 파악할 수 있게 되면 스윙을 크게 한다. 몸의 턴과 왼팔이 각각의 움직임을 하지 않도록, 왼팔 안쪽에 끼운 오른손을 비비듯이 해서 피니시할 수 있으면 다 된 것이다.

이것으로 알 수 있듯 클럽 헤드를 목표로 향해 밀어내는 폼은 몸의 회전에 브레이크를 거는 것과 동시에 손의 뒤집기가 없기 때문에 스피드도 나지 않는 것이다. 몸의 회전 방향으로 왼팔을 뒤집어서 휘둘러 빼내는 요령을 익혀 두면 오른팔이 좀더 쓸모있게 되어 클럽 헤드의 스피드 업으로도 이어지게 된다.

왼손을 뒤집으면
왼쪽 옆구리에 끼운
오른손을 압박하는
감각이 있다.

손의 뒤집기가 없으면
몸의 회전에
브레이크를 건다.

아이언의 비거리를 알기 위해서
걸기 쉬운 피칭 웨지와
9번 아이언의 연습을 중점적으로

긴 클럽으로 슬라이스하는 사람은 짧은 클럽을 쥐면 왼쪽으로 걸기 쉬운 법이다. 혹 볼을 치는 사람이 왼쪽으로 벗어나는 것과 달리 아웃사이드 인의 궤도로 휘둘러 내려도 걸게 되는 것은 로프트가 많기 때문이다.

로프트가 적은 클럽으로는 슬라이스가 될 것도 로프트가 많기 때문에 타구는 그대로 왼쪽으로 날아가 버리는 것이다.

따라서 풀스윙을 해도 걸지 않게 되는 연습을 쌓아 두는 것이 스코어 메이크상에서 매우 중요한 요소이다. 9번 아이언과 피칭웨지는 사용 빈도가 높은 클럽이기 때문에 각각 최대의 비거리를 파악해 두는 것이 필요하다.

여기에서 말하는 최대의 비거리란 밸런스를 잃지 않고 스윙했을 때의 캐리(carry: 볼이 공중을 나는 거리) 볼이다. 걸어서 굴렸을 때의 연장 거리나 뭔가의 탄력으로 이전에 없었던 만큼 날았을 때의 숫자가 아니다. 9번 아이언의 풀스윙을 기준으로 해서 8, 7, 6, 5 번의 비거리를 산출해두고 연못이나 벙커 너머의 샷 또는 기타의 장애물을 넘기는 샷을 할 필요에 직면했을 때의 최대 비거리를 알아 두면 각각의 상황에 맞추어 몇 번으로 치면 좋은지 냉정한 판단이 생긴다.

9번 아이언은 흔히 사용하는 짧은 클럽의 기준이 되는 클럽이기 때문에 그 평가는 과소나 과대도 좋지 않다. 가능한 정확한 기준을 마련해야 한다.

그런 의미에서도 9번 아이언과 피칭웨지의 연습을 쌓아 둔다. 걸지 않는다고 하는 자신과 거리의 파악을 할 수 있으면 쇼트 게임뿐 만 아니라 긴 클럽의 샷에도 좋은 영향을 끼친다.

9번 아이언과
피칭웨지의
비거리를
파악해 두자.

스코어를 줄이는 멘탈 컨트롤

마이너스적인 생각을 하지말고
또 한 명의 자신을 이긴다

좋은 샷을 하기 위해 좋은 폼을 몸에 익혀야 하는 것은 당연하지만 그럼 폼 만들기 만을 마스터하면 스코어와 직결되느냐 하면 그렇지도 않다. 이것이 골프이며 또한 이것이 골프다운 점이다.

코스에 나가면 의례 '또 한 사람의 자신'이 얼굴을 내밀기 마련이다.

왼팔을 펴려고 해도 임팩트에서 움츠러들거나, 걸면 싫다고 하는 마음이 역으로 작용하여 오른쪽으로 밀어 내거나, 혹은 연못에 넣고 싶지 않다는 생각으로 불안감이 작용하면 정말로 넣어 버리거나 해서 오히려 또 한 사람의 자기자신이 상당한 강적으로 나타나는 것이다.

이처럼 자기의 의지에 거슬려서 나타나는 또 한 사람의 자신은 무엇에 기인하고 있는지를 생각해 보는 것이 중요하다.

골프는 대표적인 멘탈게임이다. 실수하는 주요 원인이 기술적 결함이라면 기본으로 되돌아가서 결점을 교정해야 한다. 몸에 밴 나쁜 버릇을 고치기 위해서는 상당한 정신력이 필요하다.

스코어를 줄이고자 한다면 연습량의 확보도 물론이지만 고치려고 하는 의지가 더욱 중요하다. 하지만 멘탈 면에 의해 또 한 사람의 자신에게 농락당하고 있으면 사고의 방향을 바꾸어 본다. 슬라이스하지 않을까 하는 염려는 '훅을 친다!'고 생각하고 '연못이 싫다'고 생각하지 말고 크로스 벙커의 바로 앞으로 옮긴다는 식으로 적극적인 생각을 한다.

'3퍼트를 하면 어떻게 하나'하고 걱정하는 것이 아니고 '컵으로 부터 반경 1미터 원내로 접근시킨다'고 하는 식으로 긍정적이고 적극적인 생각으로 무엇을 할지를 확실히 다잡는다. 불필요한 걱정에 마이너스적인 생각을 자꾸 해서 정말로 그런 방향으로 나가는 구실을 주지말고 긍정의 힘을 믿고 자기 암시를 하는 트레이닝을 하자.

자신을 가지고 샷하는
것이 중요하며 마이너
스적인 생각을 가지면
실수를 낳게 된다.

아이언으로 온 그린의 연습
콘크리트 위에서라도 칠 수 있도록

아이언 샷도 스윙의 기본 동작은 드라이버와 같다.

클럽이 조금 짧아지기 때문에 볼의 위치가 드라이버 보다 조금 안쪽으로 들어올 뿐 기본 동작은 마찬가지이다.

다운 스윙의 과정에서 볼을 히트하기 때문에 다운 블로임에는 틀림 없지만 너무 의식하면 지나치게 쳐넣어서 클럽헤드의 빠짐이 나빠진다.

오히려 연습에서는 깨끗하게 쳐 나가는 이미지로 스윙하는 편이 좋을 것이다. 다 치면 바로 앞으로 걸어 나갈 수 있는 정도의 밸런스로 휘두르면 깨끗하게 쳐서 빼내 갈 수 있도록 한다. 그렇게 할 수 있으려면 클럽헤드를 띄워서 연습하는 습관을 들이도록 하자.

잭 니클라우스조차 클럽 헤드를 띄워서 연습하고 있다.

아이언의 뒤땅치기는 최악이다. 클럽 헤드를 띄워서 무게를 느끼고 스윙하면 템포도 느려져서 뒤땅을 막을 수 있다. 아이언 샷으로 터프를 잡을 수 없다고 호소하는 사람이 있다. 터프를 잡으려고 스윙할 필요는 없다. 그것보다도 어드레스의 자세에 주의를 기울이자.

아이언 샷으로 톱하는 것은 어드레스 시의 앞으로 숙인 자세가 너무 깊기 때문에 임팩트에서 몸이 일어나지는 것이 원인이다. 그렇다고 해서 볼에 가까이 서면 폼이 부자연스러워진다.

볼에 가깝게 서는 것이 아니고 간격은 그대로 하고 상체를 일으켜서 서도록 한다. 니클라우스와 같이 클럽을 치켜 올려서 준비하는 것도 하나의 방법이다. 깨끗하게 치는 연습을 해 두면 크로스 벙커로부터의 샷, 비가 내리는 날의 아이언 샷 등에 응용할 수 있다.

잘못해서 톱 기미로 치는 경우는 있어도 뒤땅은 치지 않는 아이언 샷을 몸에 익히는 것이 스코어를 줄이는 지름길이다.

아이언으로 온 그린을 하기 위한 연습은
콘크리트 위에서라도 칠 수 있도록
뒤땅을 치지 않는 연습이 중점이 되어야 한다.

아이언샷은
상체를 일으켜서
자세를 취한다.

136

제 9 장

어프로치에
강해지자

깃발 길이의 러닝부터 시작한다

파(par)보다 하나 정도의 오버로 컵인할 수 있게 되기 위해서는 어프로치를 확실히 연습해 두어야만 한다.

그렇다면 어느 클럽으로 어느 정도의 거리를 연습하면 되느냐 하는 문제가 생기는데 우선 깃발 길이의 러닝어프로치부터 시작하면서 차츰 거리를 늘려 그 감각을 익히는 것이 좋다.

어프로치라고 하면 피칭웨지로 100야드 이내 정도를 치는 것이 좋다고 여기는 사람이 많은 듯한데, 게임의 운용에 자신이 있는 정도라면 몰라도 초보자는 그보다 짧은 거리에서 볼을 굴릴 것을 권한다.

그 이유는 2가지다. 우선 거리가 짧으면 스윙도 작아지기 때문에 볼을 올리려고 하는 의식이 작용하지 않는다. 양발을 가지런히 하는 정도의 스탠스로 퍼트(putt)와 같은 감각으로 스윙하는 것이다.

임팩트에서 어드레스 위치로 되돌리면 볼은 로프트와 스윙의 크기에 따라서 굴러 준다. 짧은 거리라면 볼을 퍼 올리려고 불필요하게 손목을 움직거리는 일은 하지 않을 것이다.

그립의 강도를 바꾸지 않고 손목을 어드레스했을 때의 그대로 고정하고 클럽헤드를 미끄러뜨리듯이 해서 히트하는 감각을 파악한다. 같은 거리를 9번 아이언부터 11번 아이언까지 해 보면 스윙의 크기, 볼이 올라가는 정도와 구르는 정도의 차이를 알 수 있을 것이다.

보통 연습장에 나가게 되면 볼이 아까와서 이와 같은 작은 샷은 하지 않는 경우가 많다. 그러나 실제로 코스에 나가면 그린 주변으로부터 요구되는 짧은 거리 칩 샷의 활용도는 의외로 많다. 따라서 어프로치 샷의 기본을 제대로 익힘과 동시에 일반적으로 가장 연습이 부족해지기 쉬운 짧은 거리에 강해져야 할 필요가 있다.

깃발 길이의 어프로치를 연습
해두면 스윙의 크기에 따른
볼의 구르기를 알 수 있다.

어프로치의 기본을 마스터하는 방법
피칭웨지로 낮게 쳐낸다

어프로치에 강해지려고 생각한다면 어떻게 해야 할까.

무엇보다도 피칭웨지로 그린으로부터 100야드 이내의 거리에서 각각의 거리를 내는 법을 체크하는 것부터 그린 주변까지 러닝 어프로치로 칠 수 있도록 하는 것이다.

우선 볼의 위치는 고정시키고 스윙의 크기를 바꿔 본다. 80, 50, 30야드와 같이 각각의 거리와 스윙의 크기의 관계를 아는 것이다.

핀까지의 거리를 눈으로 파악한 후 어느 정도의 크기로 휘두르면 좋은지를 무의식 중에도 선택할 수 있도록 한다.

다음에 그린 주변에서는 러닝 어프로치를 해 본다.

그러기 위해서는 볼을 오른발 옆에 놓아야 하는 사실을 알 것이다.

볼이 오른쪽에 온다고 하는 것은 로프트를 세우는 것이기 때문에 낮게 쳐낼 수 있다. 핀이 가까울 때는 괜찮지만 멀어지면 피칭웨지로 핀에 접근시키는 것은 어렵다고 하는 사실을 알게 될 것이다.

그럼 9번 아이언으로는 어떨까? 8번으로는?, 7번으로는?, 하고 여러가지 실험을 해 보게 되면 핀까지의 거리가 긴 경우에는 로프트가 적은 클럽으로 러닝하는 편이 쉽다고 하는 결론을 얻는다.

피칭웨지로 볼을 왼쪽에 두면 볼은 높이 올라간다. 좀더 높이 올리고 싶은 경우에는 클럽페이스를 벌리면 된다는 사실을 알게 된다. 하지만 벌린다고 해도 한계가 있기 때문에 그 경우에 비로소 샌드웨지(sand wedge)를 등장시킬 필요가 있다는 것을 알게 된다.

피칭웨지 1개로 거리와 높이를 구분해서 치는 가운데 상황에 맞는 클럽 선택의 중요성을 이해할 수 있도록 하자.

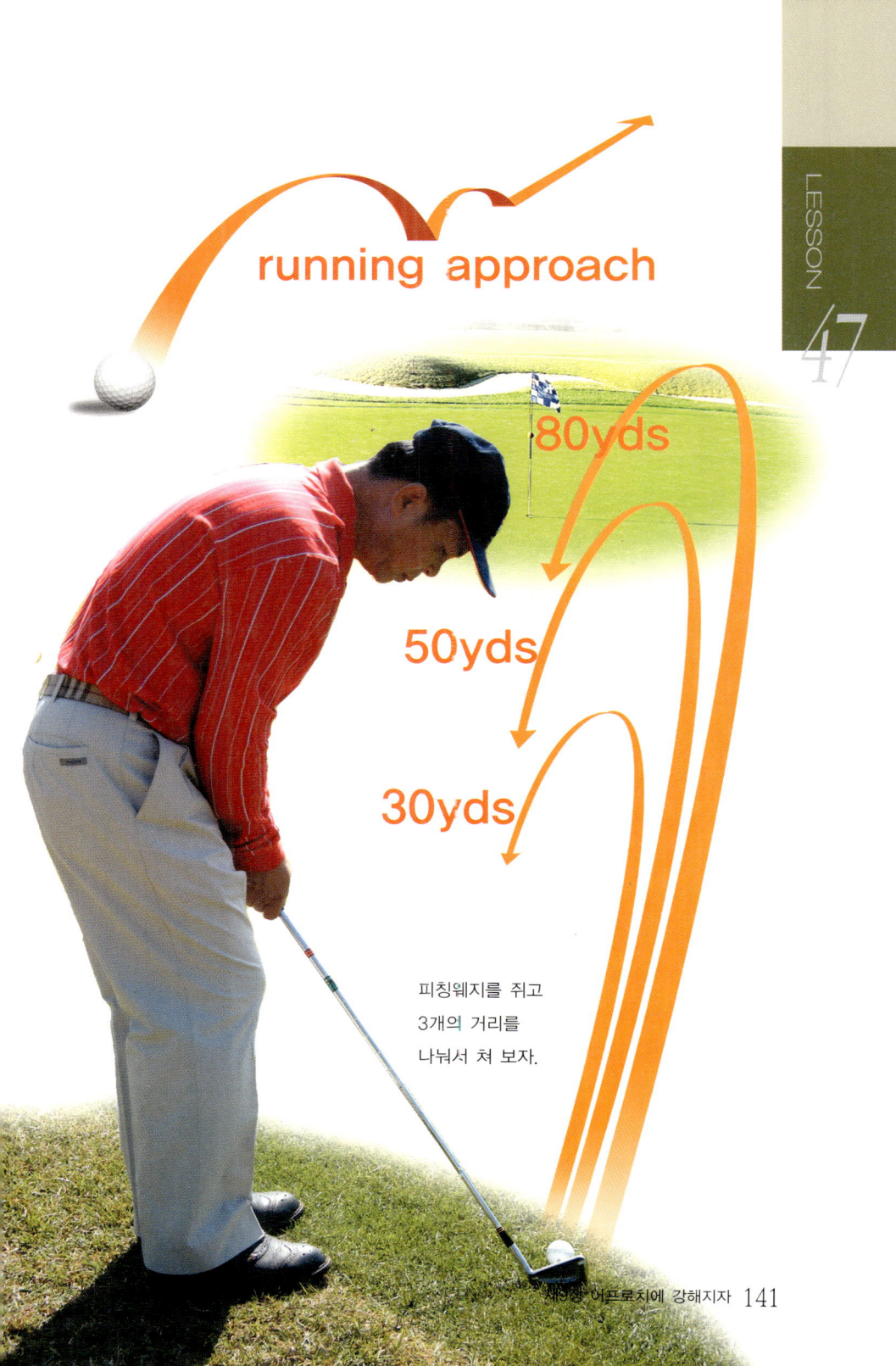

running approach

80yds

50yds

30yds

피칭웨지를 쥐고
3개의 거리를
나눠서 쳐 보자.

오픈스탠스의 개념
스퀘어 스탠스로 쳐보고 볼의 위치를 바꾸어 비구선의 차이를 안다

어프로치라고 하면 오픈스탠스로 치는 것이라는 레슨을 머릿속으로 되뇌이고 있고 있는 사람이 적지 않지만 처음부터 갑자기 이같은 자세를 취한다고 하는 것이 그리 쉬운 것만은 아니다.

아무런 계산없이 대충 오픈스탠스를 잡는다면 클럽 페이스의 방향, 볼의 위치가 애매해져서 생각보다 날지 않거나 거리는 맞고 있지만 방향이 나쁘거나 때로는 생킹(shanking)되어 볼이 어디로 갔는지도 모르게 되거나 당신이 바라는 것과 반대의 결과가 되기 쉽다.

어프로치에서는 우선 볼의 위치에 따라 어떤 샷이 되는지의 개념을 알아야 한다. 처음은 스탠스를 스퀘어로 하고 목표에 대해서 정확히 서자. 그리고 볼을 왼쪽 발뒤꿈치의 연장선 그보다 왼쪽 또는 오른쪽에 놓았을 경우에 어떤 차이가 있는지를 알아야 한다.

기본의 볼 위치보다도 오른쪽에 볼이 있으면 볼은 낮게 나간다. 반대로 왼쪽에 놓으면 올라가기 쉽다. 1개의 클럽으로 3종류의 샷을 칠 수 있다는 사실을 알아 두자. 그렇게 하면 처음부터 굴려서 접근시키기 위해서는 로프트가 적은 클럽이 편리하다는 사실을 알 수 있다.

그렇다면 볼을 높이 올리고 싶다든가 혹은 두둥실 올려서 멈추는 어프로치를 하기 위해서는 얼마나 볼을 이동해야 하느냐 하는 것을 알아야 한다. 볼 1개분 정도 왼쪽에 놓으면 올라가기 쉬워지지만 좀더 올리고 싶다면 클럽 페이스를 벌리는 수밖에 없다. 그립의 위치를 바꾸지 않고 스탠스를 벌리면 클럽 페이스는 오른쪽을 향한다. 목표로 정확히 향하기 위해서는 스탠스를 목표의 왼쪽 방향으로 취하는, 즉 오픈 스탠스로 해야 한다는 사실을 알 수 있을 것이다. 클럽 페이스를 벌리면 스탠스도 오픈으로 한다고 하는 관계를 이해해야 한다.

왼발 뒤꿈치의 앞이 되면 높은 볼이
된다. 오른발 앞에 볼을 놓으면 낮게
나간다. 두둥실 올라가서 멈추는
볼을 치고 싶을 때는 오픈 스탠스로

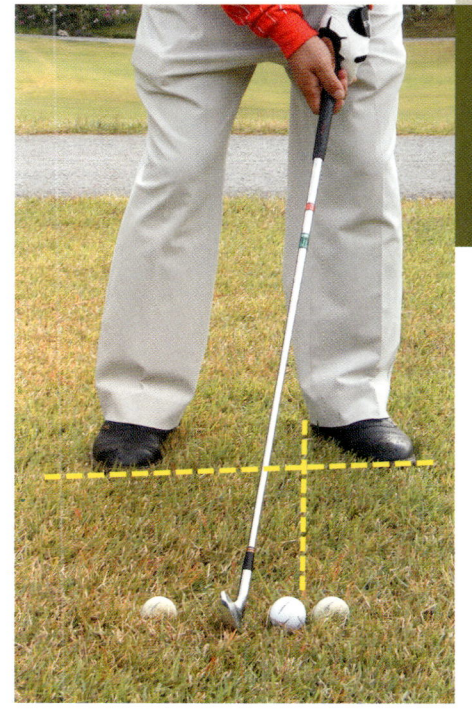

오픈 스탠스로 하지 않으면
칠 수 없는 것은 아니지만 이는
보통의 샷과 마찬가지로 우선
목표를 향해 정확히 서고 백스
윙의 크기로 거리를 조절하는
것이 대전제이다.

피칭웨지나 9번 아이언으로
이 기본을 마스터한 후에 볼의
위치를 바꾸어 공줄기의 차이
를 알고 러닝 어프로치의 경우
에는 로프트가 적은 클럽 쪽이
거리를 맞추기 쉽다는 사실을 안다. 볼을 올리고 싶으면 기본 라인(왼쪽
발뒤꿈치의 연장선)의 왼쪽에 볼을 세트한다, 그래도 부족하면 클럽페이
스를 벌리고 스탠스를 오픈으로 한다.

이상 일련의 순서를 밟아서 연습과 체크를 하고 실전에서 상황에 가장
맞는 타법을 선택하면 피칭웨지로도 볼은 충분히 올라가고 클럽 페이스
를 벌려서라도 더욱 높은 공을 쳐야하는 경우는 그렇게 자주 있는 일이
아니라는 사실도 알 수 있다.

특별히 높은 공을 치는 것도 아닌데 프로가 스탠스를 오픈으로 하고
있는 것은 몸을 약간 벌리는 편이 볼을 치기 쉽고 이미지한 라인에 볼을
얹기 쉽기 때문으로 이는 소위 '기본이 되어 있는 사람의 지혜' 이다.

초보자는 스퀘어 스탠스로 클럽과 볼의 위치 조합에 의해 어떤 어프로
치를 하고 싶은지를 정하고 이미지대로의 결과가 나오도록 하자.

50 야드 이내의 어프로치에 강해지는 순서
백스윙의 크기로 거리 차를 낸다

어프로치에 강해지기 위해서는 50야드 이내의 거리감을 기른다.

그린에 얹는데만 2타나 3타를 소비하는 것은 거리의 기준이 없기 때문이다. 아무 생각없이 이 정도 일 것이라고 애매한 감각으로 스윙하거나 핀에 가능한 한 접근시키고 싶다고 하는 마음만이 앞지르기 때문에 뒤땅이나 톱을 부르는 것이다.

거리감을 기르기 위해서는 백스윙의 크기를 세 단계로 바꾸어 임팩트에서 멈춰본다.

클럽헤드를 무릎의 높이까지 올리는 것을 1,

허리의 높이까지 올리는 것을 2,

어깨의 높이까지 올리는 것을 3 이라고 한다면

1만큼 올리고 임팩트,

2만큼 올리고 임팩트,

3만큼 올리고 임팩트,

위와 같이 팔로스루는 취하지 않고 백스윙의 크기가 그대로 거리의 수치가 되는 연습을 하면 될 것이다.

단, 이 경우 스윙의 템포를 일정하게 하는 것이 중요하다. 그래야만 백스윙의 크기에 따른 차이가 발생된다. 백스윙의 크기에 따라서 임팩트의 강도도 바뀌고 그것이 거리감으로 이어지지 않으면 안 된다.

각각의 백스윙으로 친 볼이 각각의 거리에 닿게 되면 다 된 것이다. 허리 높이에서 친 볼과 어깨 높이에서 친 볼이 거리에서 별로 바뀌지 않는다고 하면 50야드 이내에서 확실히 한 번에 그린에 얹을 수 없다.

아울러 이 방법으로 피칭웨지와 9번 아이언에서는 어느 정도의 차이가 있는지도 체크해 두면 좋을 것이다.

어깨까지의 백스윙 템포는 변함없다.

허리의 높이까지 올리면
그만큼 거리가 나온다.

오른쪽 무릎의 높이 까지
클럽을 올린다.

멈추는 타법을 알고 나서 휘둘러 빼 내 본다

스코어를 줄이기 위해서는 50야드 이내의 어프로치에 강해져야 한다. 즉, 델리케이트한 어프로치를 연마하는 것이 스코어를 줄이는 지름길인 것이다.

포인트가 되는 것은 백스윙을 어느 정도 취하면 좋으냐이다. 사람마다 각각 스윙하는 스피드가 다르기 때문에 임팩트의 감도도 변할 수밖에 없다. 백스윙의 크기와 볼이 나는 거리의 관계를 정확히 파악하기 위해서는 우선 임팩트에서 멈추는 타법부터 들어가자. 허리 높이까지 올려서 임팩트에서 멈추었을 경우에 어느 정도의 거리가 나올까? 어깨까지의 높이라면 어떤지를 체크한다.

어째서 멈추는 타법을 권하느냐 하면 많은 사람이 볼이 올라가는 클럽을 쥐고 더욱 올리려고 하기 쉽기 때문이다. 볼을 올리려고 하면 임팩트에서 손목을 꺾거나 움직이는 버릇이 생겨 버린다. 소위 치켜치기는 임팩트에서 클럽 페이스가 벌어지기 쉬워 치고 싶은 거리 이상의 백스윙을 취해 버린다. 이래서는 거리감이 생기지 않는다. 임팩트에 집중하는 감각을 기름과 동시에 백스윙의 크기가 그대로 거리가 되어 나타나는 타법, 이것을 우선 알아야 한다. 백스윙의 크기를 알면 팔로스루를 취하고 스윙의 템포와 리듬을 파악하도록 하자.

50야드 이내의 거리감이 약하다고 하는 사람에게는 볼을 친 후 임팩트 상태에서 멈추는 연습을 마스터할 것을 권한다. '아무 생각없이 백스윙하고 그저 마음만 그린에 볼을 올리고 싶을 뿐이다.' 라고 한다면 그 때마다 결과가 달라질 수밖에 없다. 자신이 치는 거리를 눈으로 확인한 후 거기에 필요한 백스윙의 크기를 정확히 이미지할 수 있도록 하면 어프로치에 강해질 수 있다.

임팩트에서 멈추는
타법부터 시작하자.

시종 왼쪽 체중으로 스윙하는 연습방법
오른발을 들어 발끝으로 선 자세에서 쳐본다

어프로치를 마스터하기 위해서는 클럽의 로프트 대로 볼을 히트하는 감각을 기르는 것이 매우 중요하다. 이는 '클럽에게 일처리를 맡긴다'고도 일컬어지는 얘기지만 어프로치는 손끝 만으로 처리하는 것이 가능한 까닭에 에러(error)를 줄이고 확률을 높이기 위해서는 로프트가 각각 다른 이유를 알고 클럽의 기능을 살리는 타법을 해야 한다.

임팩트에서 로프트가 뒤집어쓰거나, 페이스가 벌어지거나 혹은 뒤땅을 치거나, 톱하거나 하지 않기 위한 타법, 피칭웨지에 로프트를 정확히 살리는 타법을 마스터하는 연습을 소개한다.

어프로치에서는 임팩트의 형태를 미리 만들어 두고 어드레스를 재현하면 된다. 체중은 왼쪽에 싣고 그립을 볼보다 왼쪽에 세트한 핸드퍼스트의 자세를 만드는 것이 포인트지만 임팩트가 어드레스와는 전혀 다른 폼이 되기 때문에 여러가지 에러가 생겨 버린다. 시종 왼쪽 체중인 채 스윙한다고 하는 것이 처음에는 의외로 어렵다. 그래서 어드레스하면 오른발을 약간 끌어 당겨서 뒤꿈치를 띄우고 발끝으로 선 자세를 취한다. 이렇게 하면 체중은 왼쪽 사이드에 고정된다.

처음은 백스윙을 작게 해서 볼을 클럽페이스에 얹어 옮기는 감각을 몸에 익히자. 클럽을 쥔 양팔의 형태를 바꾸지 않고 일정한 템포로 스윙하면 볼은 같은 높이로 나갈 것이다. 10야드 전후의 거리라면 웬만한 집의 마당 안에서도 얼마든지 할 수 있다. 손끝 조작을 가하지 않아도 로프트가 쉽게 볼을 올려 준다. 탕하고 올라가서 데굴데굴 구르는 쇼트 어프로치를 몸에 익히면 실전에서도 크게 도움이 된다. 특히 초보자에게는 볼의 타격 감각, 스윙의 템포, 부드럽게 히트하는 느낌을 파악하기 위해 안성 맞춤의 연습이라고 할 수 있을 것이다.

왼발 체중으로 치면 클럽 페이스에
얹어 옮기는 감각을 알 수 있다.

상황에 맞는 어프로치를 이미지해 본다

어프로치 샷은 한 마디로 설명할 수 없을 만큼 상황이 한없이 다양하다. 아무리 거리가 짧은, 핀까지 30야드라고 해도 볼이 있는 곳이 평평하다거나 경사지이거나 다 다르며 낙하지점인 그린도 평평하거나 울퉁불퉁하거나, 좌우 한 쪽으로 기울어져 있거나 하는 등, 라운드를 하는 동안 완전히 똑같은 경우는 한 번도 만날 수 없을 정도로 여러 가지로 다양하다.

30야드의 백스윙을 한다고 해서 반드시 핀에 접근시킬 수 있다고 자신할 수는 없는 것으로 여기에 실전의 어려움이 있다. 왼쪽으로 올라간 라이(lie)의 그린을 향해 치는 경우와 평평한 장소에서 내려와 있는 그린을 향해 치는 것과는 큰 차이가 있다. 이 때는 기본 만으로는 대처할 수 없는 상황이 되어 경험이 큰 위력을 발휘하기도 한다. 하지만 실패 뿐인 경험으로는 의미가 없다. 다음 번에 도움이 되는 경험을 하기 위해서는 상황에 맞는 어프로치의 이미지를 머릿속으로 그리는 것이 무엇보다 중요하다. 친 볼이 어떻게 올라가고 떨어지고 나서 어떻게 굴러 갈까. 볼의 궤적을 미리 상정해 보는 것이다.

결과가 좋지 않으면 어디가 원인인지도 반드시 밝혀 내 둘 것.

'생각한 것보다 볼이 미치지 못한 이유는 오르막 경사였기 때문이다.' '떨어지고나서 의외로 구르지 않았던 것은 잔디결이 반대로 난 역결이었다.' '거리는 좋았지만 컵으로부터 멀어진 것은 그린의 경사를 계산에 넣지 않았다.' 등 분명히 뭔가의 원인이 있을 것이다.

단순히 강했다든가 약했다 정도의 판단 만으로 끝내지 말 것.

어프로치샷의 강자가 되려 한다면 치려고 하는 샷을 한 번 영상화해 보는 것이 중요하다.

그린에 경사가 있는 경우에
는 볼의 구르기를 상정하고
샷에 들어간다.

샌드웨지의 사용은 피한다
안전한 피칭웨지로 컨트롤

프로는 어프로치에서 샌드웨지를 자주 사용한다.

벙커가 아님에도 샌드웨지로 올려서 멈추거나, 낮게 쳐내서 멈추거나 하면서 다채로운 기술을 보여주고 있다. 프로가 샌드웨지로 올려서 정확히 온그린을 시키는 모습을 보면 모양도 좋아보이고 그것을 보는 아마추어도 샌드웨지를 사용하고 싶어지는 경향이 있다.

또 하나, 막 시작하는 사람이 샌드웨지를 사용하고 싶은 배경은 피칭웨지나 9번 아이언으로는 볼이 너무 낮기 때문에 샌드웨지로 조절하려고 하는 심리가 작용하는 것이다. 그런데 초보자가 샌드웨이를 사용하다 보면 볼이 너무 높이 올라가서 목적한 곳에 닿지 않는 경우가 많다. 또는 톱을 해서 그린 오버를 부르는 잘못이 적지 않다.

피칭웨지를 컨트롤할 수 없다고 해서 샌드웨지로 바꿔 드는 정도로 잘 될리는 만무하다. 샌드웨지는 로프트가 가장 많은 클럽이기 때문에 피칭웨지 이상으로 델리케이트한 클럽이다.

초보자 때에는 샌드웨지를 벙커 안에서만 이용하고 어프로치는 피칭웨지로 할 수 있도록 연습한다. 다른 어프로치는 피칭웨지나 9번 아이언으로 충분하다. 급격히 볼을 올려서 딱 멈춰야만 하는 상황이라고 하는 것은 그렇게 흔하지 않다.

오히려 실상은 9번 아이언으로 올려서 굴리는 어프로치가 제일 무난하다. 굳이 어려운 클럽을 사용하지 말고 우선 피칭웨지를 무난하게 구사할 수 있게 되고 나서 샌드웨지에 도전해도 늦지 않는다.

피칭웨지로 컨트롤
할 수 있도록

거리감의 차질이 생기는 이유
너무 짧게 쥐면 클럽의 밸런스가 무너진다

핀까지의 거리가 가까와지면 클럽은 짧게 쥔다고 흔히 말한다.

숲 속에서 페어웨이로 내보내는 정도의 샷을 하는 경우도 짧게 쥐라고 한다. 그런데 짧게 쥐라고 한다고 손이 샤프트에 닿을 만큼 아래를 쥐고 치는 사람이 있는데 이것은 오버 센스다.

짧게라는 것도 정도가 있고 어디까지가 한도인지를 정확히 해두지 않는다면 클럽을 단지 막대기와 같이 사용하는 것이 되서 실패하게 된다. 하나의 클럽에는 정교한 밸런스라고 하는 것이 설계돼있기 마련이다.

이 밸런스는 어디를 쥐느냐에 따라서 크게 달라진다.

정상적으로 그립했을 경우와 클럽 중앙을 쥐었을 경우에는 전혀 다른 것을 손에 쥐고 있다고 느낄 수 있을 것이다. 클럽을 짧게 쥐라고 하는 '짧게' 라고 해도 그립 부분의 중간을 쥐는 정도. 다시말해 그립 엔드로부터 2, 3센티의 간격을 떼느냐 아니냐 정도의 차이다.

샤프트에 손이 닿을 만큼 짧게 쥐면 샤프트는 딱딱해져서 막대기를 쥐고 있는 것과 다름없이 된다. 무조건 짧게만 쥐면 거리를 쉽게 컨트롤을 할 수 있느냐 하면 그것은 노(No)이다. 오히려 클럽 헤드의 무게를 느낄 수 없어 스윙의 템포도 빨라지고 너무 날카롭게 휘둘러서 여러가지의 미스를 유발하는 위험이 있다.

핀을 눈앞에 두고 터무니 없이 세게 친다든가 숲속에서 20, 30야드 정도로 쳐서 페어웨이로 내보내려고 한다는 것이 그 배나 쳐서 맞은 편의 러프나 숲에 쳐넣어 버리는 최악의 상황마저 유발될 수 있다. 이것은 클럽을 너무 짧게 쥐기 때문에 오른손에 쥔 막대기로 볼을 세게 치는 듯한 것이 되버리기 때문이다. 클럽의 무게를 감지하고 밸런스를 무너뜨리지 않는 범위에서 짧게 쥐어야 한다는 것을 잊지 않도록 하자.

YES
NO

거리감의 차질을 낳
지 않기 위해서 클
럽을 너무 짧게 쥐
지 않는다.

벙커 샷의 사고 방식
임팩트가 볼의 바로 앞이라고 생각한다

아마추어 골퍼는 벙커를 싫어하는 경향이 있지만 프로는 델리케이트한 어프로치 보다도 벙커샷 쪽을 좋아하는 경우가 많다.

왜냐하면 벙커로부터 치는 편이 계산을 할 수 있기 때문이다. 그럼 어째서 아마추어는 벙커를 질색하는 사람이 많을까.

이는 익스플로션 샷(explosion shot: 모래를 쳐내어 그 압력으로 볼을 모래와 함께 벙커로부터 탈출시키는 샷)을 특별한 타법이라고 생각하고 있기 때문이 아닐까 생각된다. 벙커샷은 볼 밑의 모래를 폭발시킴으로서 탈출하는 것이 본질인데 이것을 '볼 밑의 모래를 떠낸다' 는 식으로 받아들이기 때문에 벙커가 어려워진다.

어프로치나 다른 샷과 같은 타법으로 임팩트한 부분이 볼의 바로 앞이라면 익스플로션이 된다. 특별한 몸의 사용법이 있는 것은 아니다.

결과적으로 볼의 바로 앞에 클럽 헤드를 떨어뜨려 모래를 폭발시키기 위해서는 히팅의 포인트를 파악해 두면 된다. 모래에 선을 긋고 선 바로 앞의 모래를 맞추면 익스플로션, 앞의 모래를 맞추면 크린히트다.

히팅의 포인트가 다르다고 한다면 당신 자신이 움직이면 된다. 볼은 움직이지 않기 때문에 스윙은 똑같이 하고 치는 포인트를 바꾸기 위해서는 서는 장소를 바꿀 수밖에 없다.

몇 센티 바로 앞에 클럽 헤드를 넣는다.는 식으로 너무 깨끗하게 치려고 하기 때문에 까다로와지는 것이다. 익스플로션의 이론을 알면 타법이 아니라 서는 장소의 변경 만으로도 해결된다는 사실을 알게 되고 벙커에 직면하면 무조건 질색부터 하는 의식은 없어질 것이다.

모래에 선을 긋고
치는 포인트를 안다.

벙커 샷의 기본
익스플로션은 어깨의 회전으로
'삽질' 하듯 클럽헤드를 휘둘러 빼낸다

벙커샷 만은 손치기가 허락된다고 하는 격언도 있다.
하지만 이것은 하반신의 지나친 사용을 경고한 말이지 손끝 만으로 내보내도 좋다고 하는 의미는 결코 아니다.

벙커 샷을 특별한 샷으로 볼 필요는 없다. 볼을 직접 치느냐 치지 않느냐의 차이 뿐이다. 다부지게 히트하는 어프로치가 아니라 부드럽게 클럽페이스에 얹어 옮기는 이미지의 샷을 하기 위해서는 반드시 어깨의 회전을 사용한다. '달걀 노른자 샷' 이외에는 익스플로션도 마찬가지로 어깨의 회전으로 볼 밑에 클럽헤드를 넣어 휘둘러 빼 낸다.

그런데 이 때 거리감을 조절하는 방법으로 팔로우스루의 크기로 조절하는 것인데 '삽질' 을 연상하면 이해가 쉽다. 즉 한 삽 퍼올리는 모래는 같으나 (임팩트 시의 타점은 같으나) 트럭이 어디 있느냐에 따라 삽으로 퍼서 던지는 팔 동작의 크기가 다른 것을 연상하며 치라는 말이다.

쳐놓고 클럽 헤드를 빼내지 않아도 볼이 나가는 경우는 있다. 그러나 가능한 한 컵에 접근 시키고 그 확률을 높이는 데에 목적이 있다면 어깨의 회전으로 클럽 헤드를 빼내가는 기본 동작을 몸에 익혀야 한다.

스탠스는 오픈, 체중을 왼쪽에 실은 채 백스윙하고 스탠스를 따라서 왼쪽으로 클럽 헤드를 빼내간다.

프로가 익스플로션한 후의 포즈에 주목해보면 무심코 앞으로 걸어 나가기라도 하려는 듯한 피니시를 하고 있다. 스윙의 템포도 느리다. 이 천천히 친다고 하는 것이 중요한 점으로 어깨를 돌리면서 휘둘러 빼내기 때문에 천천히 칠 수 있는 것이다.

볼을 치는 것이 아닌 모래를 치는 것이기 때문에 잔디에서의 어프로치보다는 저항이 크므로 백스윙도 그만큼 크게 취해야만 한다.

158

어깨의 회전으로 볼
밑에 클럽헤드를 넣
어 휘둘러 빼 낸다.
팔로우스루의 크기
조절은 '삽질'을 연
상하면 이해가 쉽다

무거운 모래에서는 피칭웨지가 좋다

익스플로션 샷은 쳐 넣는 것 뿐 만 아니라 어깨의 회전으로 클럽 헤드를 빼 내가는 이미지로 볼 주변의 모래를 깎아 내는 것이다.

단, 모래의 질 즉, 모래의 질고 마른 정도나 입자의 굵고 가는 정도 등에 따라서 '생각한 만큼 거리가 나오지 않는다' 거나 '의외로 기세 좋게 날아 간다' 거나 하는 경향이 있으므로 이에 유의한다.

모래의 입자가 가늘어서 소위 푹신푹신한 상태에서는 클럽 헤드가 깊이 들어가서 볼이 오뚝이 떨어뜨림과 같이 되는 경우도 있다.

어깨의 회전으로 휘둘러 빼내는 기본 동작을 몸에 익혀 두면 모래에 박히는 듯한 샷은 하지 않아도 된다. 주의할 점은 어느 때보다도 크게 천천히 그리고 정확히 피니시를 취하라는 것이다.

'모래를 얇게 혹은 두껍게 취한다' 라고 하는 표현이 있다.

이 연습으로써는 모래 속에 볼 라인을 긋고 그 선을 지우는 방법이 가장 효과적이므로 연습을 하면서 얇게 혹은 두껍게 취하는 요령을 익히도록 하자. 모래가 무거운 경우는 샌드웨지의 솔(sole)이 바닥을 파고들지 못하고 튀어 버리는 경우가 있다.

상당히 힘을 주지 않으면 단단한 발판을 확보할 수 없는 경우에는 달걀노른자와 마찬가지로 예각으로 쳐넣는 타법을 하든가 샌드웨지는 그만두고 피칭웨지를 사용하면 좋을 것이다.

더우기 모래가 수분을 함유해서 축축한 경우 일단 히트시킨 경우에는 볼이 생각한 이상으로 기세 좋게 날아가는 경우가 있으므로 힘 조절에 각별히 주의해야 한다.

모래가 무거운 경우 피칭웨지를 사용하면 좋다.

트러블 샷의 대처법
달걀 노른자와 러프는
콕을 빠르게 해서 예각으로 쳐넣는다

벙커에 볼이 파묻혀 달걀 노른자 형태를 한 경우나 러프에 깊게 가라앉은 볼을 칠 경우에는 백스윙에서 콕(cock)을 일찌감치 취해 예각으로 클럽헤드를 넣는 것이 좋다. 달걀 노른자 형태의 경우에도 볼 밑의 모래를 폭발시켜 그 힘으로 볼을 날리는 것이라야 한다. 단, 볼이 묻혀 있어 여느 때보다도 깊이 클럽 헤드를 넣을 필요가 있기 때문에 보다 위에서 예각으로 클럽 헤드를 떨어뜨린다.

그러기 위해서는 어드레스에서 체중을 왼쪽에 싣고 클럽 페이스를 벌리지 않고 뒤집어 씌우도록 한다. 이 자세에서 백스윙하면 업라이트로 올라가서 손목의 콕도 빨리 하게 된다. 러프에 가라앉은 볼도 달걀 노른자 볼을 치는 것과 마찬가지의 원리를 작용시켜 샷을 해야 한다. 러프에 가라앉은 볼은 클럽 페이스와 볼 사이에 풀이 들어오게 마련이다. 가능한 한 풀의 저항을 적게 하기 위해서는 클럽을 가로로가 아니라 세로로 넣어야 한다.

달걀 노른자의 경우나 러프에 가라앉은 볼, 어느 쪽이나 라이로부터 가로로 털어내듯 휘두르는 타법은 금물이다. 핸드퍼스트의 어드레스에서 업라이트로 휘둘러 올려 팔로우스루를 낮게 취해야 한다.

백스윙을 인사이드로 취하면 달걀 노른자에서는 클럽 헤드가 생각한 위치보다도 바로 앞에 떨어지기 쉽고 러프로부터는 풀의 저항이 커진다. 오픈 스탠스로 하고 업라이트로 올리기 쉬운 자세를 취할 것. 그리고 양쪽 모두 볼에 백스핀을 거는 것은 불가능하기 때문에 낙하하고 나서 구르는 것을 계산에 넣어 두는 것도 중요한 포인트다.

핀에 접근 시키는 것보다도 그 자리에서 한 번에 탈출하는 것을 최우선으로 할 것. 모래를 얇게 취하기 위해서는 피칭웨지가 좋다.

162

깊은 러프에서는 달걀 노른자의
경우와 동일하게 핸드퍼스트의
자세로 업라이트로 친다.
풀의 저항을 적게 하기 위해서는
가능한 한 클럽을 가로로가 아닌
세로의 예각으로 넣어야 한다.

볼이 얕은 물 가에 빠졌을 때 바닥이 모래일
경우에는 젖은 벙커샷에 준하는 샷을 한다.
달걀 노른자의 라이(lie)에서는 콕(cock)을
사용해서 휘둘러 올린다.

제 10 장

또 하나의 게임
퍼팅(putting)

드라이버와 같이 자세를 높게 해서 준비한다

'퍼팅에는 스타일이 없다' 라고 말하기도 하지만 스트로크라고 하는 단순한 움직임에서도 확률이 좋은 퍼트를 하기 위해서는 역시 기본이 되는 세트업이 필요하다.

자세는 드라이버를 손에 쥔 경우와 기본적으로는 같다.

의자에서 일어 섰을 때와 같은 등을 편자세도 중요하다.

단, 드라이버의 경우와 달리 스탠스가 다소 좁아지므로 볼은 눈 바로 아래에 놓이기 때문에 머리가 기우는 각도는 다르다. 그러나 목부터 아래는 드라이버와 같은 자세를 취하도록한다. 등을 둥글리고 온 몸이 볼에 덮일만큼 깊이 숙인 자세를 취하는 사람이 많은데 터치가 좋은 스트로크를 하기 위해서는 등을 편 높은 자세를 취하는 것이 좋다. 자세를 높게 하면 퍼터를 치켜 올라가는 감각이 생겨서 시계추와 같이 항상 같은 지점에서 볼을 히트할 수 있게 된다. 드라이버의 경우와 마찬가지로 일어 선 자세가 완성되면 다음은 볼의 위치인데 이것도 드라이버와 마찬가지로 왼쪽 발뒤꿈치의 연장선 상이다. 그리고 볼의 바로 위에 왼쪽 눈이 오도록 준비한다.

그립은 양 쪽 손바닥을 스퀘어로 해서 마주 대고 쥔다.

그립법은 몇 가지 종류가 있고 역오버랩이 지배적이지만 구애받을 필요는 없다. 다른 샷과 같은 감각으로 쥐기 위해서 오버래핑의 그립을 사용하는 것도 좋은 방법이다.

퍼트의 그립에서 중요한 것은 양 손의 엄지를 클럽 바로 위에 둘것.

샷의 경우에는 양 손을 조르는 감각이 있고 좌우의 너클(knuckle)이 잘 보이도록 그립하는 것이 바람직 하지만 퍼트에서는 말 그대로 양손을 직각으로 대는 것이 더 좋다.

166

드라이버의 어드레스와 같이
자세를 높여서 취하면
마음먹은 지점으로 볼을
칠 수 있다. 양손의 엄지는
클럽 바로 위에

좋은 '느낌'을 파악하는 방법
임팩트에서 멈춰 구르는 거리를 알 것

퍼트의 타법에는 리스트(wrist)의 움직임을 살린 탭(tap)식과 노콕 (no-cock)에 의한 스트로크(stroke)식으로 크게 나눌 수 있다. 유리면과 같이 빠른 그린이 많은 미국 투어에서는 리스트를 가능한 한 사용하지 않는 스트로크식이 주류를 이루고 있다. 어느 것을 사용하느냐는 자신이 결정할 일이지만 참고로 말하면 우선 거리감을 기름과 동시에 항상 같은 지점으로 볼을 히트하는 감각을 몸에 익혀 두는 것이 좋다. 퍼팅은 '시계추와 같은 원리로' 라고 하는 말이 통용되고 있다. 몇만 번이나 연습해서 예리한 감성을 연마한 프로의 스타일 만을 흉내낼 것이 아니고 우선 기본을 마스터한 다음에 자신의 독자적인 스타일을 완성하자.

퍼트에서 가장 문제가 되는 것은 거리감이다. 같은 힘 조절로 퍼팅을 할 때 한 군데로 볼이 모인다면 이상적이다. 임팩트에서 스퀘어로 히트할 수 있느냐가 운명의 갈림길이므로 처음에 볼을 히트하는 감각을 길러 두는 것이 중요하다. 그러기 위해서는 어프로치와 마찬가지로 임팩트에서 멈춰 본다. 백스윙에서 다소의 콕이 들어와도 상관없다. 임팩트에서 노콕의 상태면 되는 것이다.

클럽 헤드와 손만을 동시에 좌우로 움직인다고 하는 것은 초보자에게 있어서는 오히려 어려운 동작이다. 히트하는 것보다 미는 듯 어루만지는 느낌이 되기 때문에 손만으로 라인을 따라서 똑바로 움직이는 것이 오히려 압력이 되기 쉽다.

퍼팅에서는 백스윙에서 콕이 들어가도 상관없기 때문에 어느 정도 올리면 어느 정도로 구르는지를 아는 것이 관건이다. 히트해서 고정시킴으로서 힘조절을 파악할 수 있을 것이다. 퍼트만큼 정신적인 요인이 크게 작용하는 게임은 없다.

168

딱하고 볼을 치면 멈춰본다.
백스윙을 어느 정도 올리면
어느 정도 구르는지 알아 둔다.

퍼팅은 '시계추와 같은 원리로'

볼에 색을 칠해서 구르기를 체크한다

'퍼트의 터치가 좋다'는 것은 볼의 구름이 정확하다는 의미다.

이미지한 힘 조절이 스트레이트로 볼에 전해지고 있는지 어떤지는 사소한 노력으로도 체크할 수 있다. 볼에 매직으로 선을 긋든가, 반을 온통 칠해두면, 볼이 똑바로 구르고 있는지 좌우로 흔들면서 구르고 있는지, 확실히 나타난다. 비뚤어진 회전을 한다고 하는 것은 그만큼 저항이 커져서 볼의 구르기를 방해한다는 뜻이다.

흔히 말하는 '구족이 긴 퍼트'란 멈출 것 같아도 멈추지 않는 터치가 좋은 퍼트를 말한다. '반만 더 굴러주면...' 컵을 들여다 보듯 하면서 멈추는 퍼트만큼 아쉬운 것은 없다. 200야드의 드라이버 샷도 1센티의 퍼트도 같은 1스트로크이기 때문에 볼이 순순히 구르는 연습을 쌓아 두면 쓸데없는 스트로크를 반복하지 않아도 된다.

왼쪽 눈 아래에 볼을 놓지만 양쪽 눈이 라인 위에 있느냐의 문제가 퍼트에서는 중요한 포인트다. 양쪽 눈을 연결한 선이 라인 위에서 벗어나 있으면 볼을 노린 방향으로 내보내기 어려워진다. 그것을 체크하기 위해서는 거울에 일직선을 그어 볼 밑에 놓고 양쪽 눈이 라인 위에 있는지 아닌지를 조사하면 좋은 참고가 될 것이다.

쇼트 퍼트에서 많은 미스인 방향성의 문제는 심리적인 면도 물론이지만 양 쪽 눈을 연결하는 선이 벗어나 있기 때문에 퍼터 페이스가 닿는 각도가 미묘하게 틀어져 버리는 것이 더 큰 원인이다.

어느 쪽의 연습이나 집에서도 얼마든지 할 수 있는 연습이므로 '스코어의 반은 퍼트다'라고 하는 사실을 잊지 말고 시간을 찾아서 연습하자.

왼쪽 눈이 볼 위에 있되
양쪽 눈의 연장선을 볼의
진행라인과 같게

컵의 바로 앞에 멈추는 집중력을 기르자

퍼트에서 옛날부터 있는 격언에 '네버 업, 네버 인(가깝지 않으면 들어가지 않는다)' 라고 하는 말이 있다.

이 말이 진리임은 물론이지만 초보자는 이를 자기 멋대로 해석하고 함부로 세게 히트시킴으로해서 3퍼트를 부르곤 한다. 핀에 가깝게 치지 않으면 물론 들어가지 않겠지만 그렇다고 지나치게 가까워도 곤란하다.

퍼트에서 쓸데없이 스트로크를 거듭하는 것은 거리감의 차질이 최대의 원인이다. 어떻게 하면 거리감이 좋아지느냐의 기로에서 항상 상기해 주고 싶은 말은 구성이라고 일컬어지는 봅 존스의 '다운 더 페어웨이' 에 나오는 말이다. 존스는 이를 위해 '컵의 바로 앞에 멈추는 집중력을 길렀다' 라고 말했다.

그 결과 얻은 것은 거리. 정확한 퍼트를 하면 컵인의 입구, 즉 컵에 들어가는 경로가 4군데가 된다는 사실을 발견한 것이었다. 세게 히트한 퍼트는 입구가 바로 앞에서부터의 한 군데 밖에 없다. 들어갈 것 같은 퍼트가 조금 너무 강하기 때문에 컵 가장자리를 빙그르르 돌고 튀어나가 가속이 붙어서 1, 2미터나 컵으로부터 멀어지는 경우가 있다.

여기에 이루 말할 수 없이 정묘한 퍼트의 세계가 있다. 아마 성질이 급한 존스도 몇 번인가 같은 경험을 했으리라고 생각한다. 컵에 꼭 맞게 미치는 세기로 스트로크하는 것을 평소에 연습해 두면 실전에 닥쳐서도 옆에서나 안 쪽에서나 안정적으로 컵인할 수 있게 되는 것이다.

벤트그래스가 빠른 그린이 되면 더욱 컵인의 확률은 높아진다.

초보자는 자신의 기술 수준을 잊고 넣고 싶어지는 법이다.

존스와 같이 컵 바로 앞에 멈추는 집중력을 기르는 것이 터치가 좋은 스트로크를 연마하는 가장 좋은 비결이 될 것이다.

컵의 바로 앞에
멈출 수 있도록
연습해 둔다.

퍼트에서 쓸데없는 스트로크를
거듭하지 않는 것이
스코어 향상의 지름길

제 2 부

실전 골프교실

자연스런 손으로 쥐고 있으면
스윙 중에 변화하는 일이 없다.
따라서 정확하게 볼을 칠 수 있는 확률이 높아진다.
검도의 정면 치기 요령으로
클럽을 휘둘러 내리고 페이스가 똑바르면
자연스런 손으로 쥐고 있는 증거

제 1 장

스윙의 기본을
알자

1. 그립(grip)의 V자는
오른쪽 뺨부터 오른쪽 어깨 사이

우선 가장 처음 눈에 띄는 것은 그립의 잘못이다.

서투른 사람의 그립은 대부분이 왼손을 느슨하게 덮어쥔다고 하는 점이다. 즉, 왼손의 v자형(엄지와 검지의 사이)의 연결선이 왼쪽 어깨나 더 왼쪽을 향하고 있는 경우가 그것이다. 이렇게 그립을 쥐면 중요한 임팩트(impact) 때 힘이 들어가지 않는 것은 물론 타구의 대부분이 슬라이스(slice)가 되도록 클럽 페이스가 향해진다.

또한 오른손을 밑에서부터 쥐는 사람도 상당히 있는데 이런 제각각의 쥐는 법으로는 슬라이스는 커녕 미스샷을 일으켜 버린다. 능숙한 사람의 그립을 눈여겨 보면 좌우 그립 v자형이 모두 딱 일치해서 오른쪽 뺨과 오른쪽 어깨 사이를 향하고 있는 것을 볼 수 있다. 그립을 이렇게 쥐면 스윙 중에 잘못된 손목의 꺾어짐이 없어지고 힘찬 임팩트가 가능해진다. 연습에 들어가기 전에 자신이 취하는 그립의 'v자 형'이 어느 쪽 방향을 향하고 있는지 우선 체크해보자.

그립의 'v자 형'은 오른쪽 뺨과 오른쪽 어깨의 사이를 향하고 있는 것이 가장 이상적이다. 미스 샷을 막기 위해서도 그립을 체크해 두자.

그립의 'v자형'은 오른쪽
뺨과 오른쪽 어깨의 사이
를 향하고 있는 것이 가장
이상적

2. 톱에서 페이스 방향의 잘못
톱에서 페이스의 방향은 45° 위 쪽을 향한다

아마추어의 공통된 또다른 잘못의 포인트는 백스윙 톱에서의 클럽 페이스 방향이다. 어떤 페이스가 되고 있느냐 하면 바로 비구선 옆(어드레스 자세의 정면)을 향해버리고 있는 것이 그것이다.

비구선 옆 방향을 향한다고 하는 것은 결국 페이스가 벌어져 있다고 하는 의미이기도 하다.

물론 어드레스(address)에서 페이스는 비구 방향에 스퀘어(square) 가 되어 있었을 테지만 그것이 톱에 이르면서 벌어진다고 하는 것은 그 때까지의 동안에 일어나는 무엇인가의 원인이 있었던 것이다.

그 원인 가운데 가장 많은 것은 테이크백(take back) 중에 왼쪽 손목을 손등 쪽으로 꺾어버리는 것이다. 손목이 이런 형태(페이스가 벌어지는)로 있으면 임팩트에서도 벌어진 채 페이스가 내려오기 때문에 결과는 100퍼센트 슬라이스다.

그럼 톱에서 어떤 페이스가 되면 좋을까.

능숙한 사람의 페이스 방향을 살펴보면 그 페이스가 한결같이 45°의 각도로 상공을 향하고 있다. 그리고 왼쪽 손목은 손등 면이 평평한 채로 엄지 쪽으로 꺾어 있다.

이것이 스퀘어(어드레스)에서 스퀘어(톱)로의 올바른 백스윙(back swing)이라고 말할 수 있다. 톱의 정확한 자세를 자신 스스로 직접 볼 수는 없지만 거울을 본다든지 누군가에게 부탁해서라도 꼭 체크해 두는 것이 좋다.

180

클럽 페이스가 정면을 향하고 있으면 슬라이스가 되기 쉽다. 정확한 방향은 45도 위 쪽을 향하고 왼쪽 손목은 손등면이 평평해진다.

YES

NO

왼쪽 팔꿈치는 몸의 폭 안으로

일반 아마추어가 빠지기 쉬운 다음의 잘못은 팔로우스루(follow through)부터 피니시(finish)에 걸친 왼팔의 사용법이다.

하이핸디캡(high handicap)인 사람은 대부분 볼을 친 그 순간부터 왼쪽 팔꿈치가 구부러지고 더구나 그 왼쪽 팔꿈치가 자신의 몸 선으로부터 크게 옆으로 벗어 나가 있는 것이 보통이다.

이런 잘못된 왼쪽 팔꿈치의 움직임으로는 힘찬 임팩트도 불가능하고 페이스의 방향도 올바르게 스퀘어로 유지할 수 없게 되어 버린다. 임팩트, 팔로우스루, 그리고 피니시로 이어져 가는 동안 왼쪽 팔꿈치는 자신의 몸의 폭 안에 유지되어 있어야 한다. 이렇게 함으로써 임팩트에서 힘의 낭비도 없어지고 페이스도 올바르게 비구선과 직각 방향으로 히트할 수 있게 된다는 것을 알아야 한다.

말로 하는 '몸의 폭 안'이라는 말이 무슨 말인지 이해가 잘 안 갈 수 있으므로 이 의미를 쉽게 설명하는 간단한 동작을 소개한다.

우선 어드레스 자세를 취하면서 양 팔꿈치로 양 옆구리를 조른 채 양 손을 얼굴 앞까지 올리고 나서 허리, 그리고 어깨를 비구 방향으로 돌려서 피니시의 폼을 취해 본다. 양 손을 얼굴 앞으로 올린 채 회전 시켰기 때문에 피니시가 되어도 왼쪽 팔꿈치는 몸의 폭 안에 정확히 들어간 채로 되어 있다.

이것이 바로 '몸의 폭 안'에 왼쪽 팔꿈치를 넣은 채로의 팔로우스루이고 피니시인 것이다. 볼을 치고 피니시에 이를 때까지 왼쪽 팔꿈치가 몸의 폭 안으로 들어가도록 왼팔을 사용한다.

볼을 치고 피니시까지 왼쪽 팔꿈치가 몸
의 폭 안으로 들어가도록 유념한다.

이상적 그립
자연스런 손으로 쥐는 것이
이상적인 그립을 만든다

그립에 대해서는 여러 가지 말들이 일컬어지고 있지만 '자연스런 손'보다 더 나은 그립은 없다고 생각하면 된다. 그럼 자연스런 손이란 과연 어떤 것일까. 우리가 클럽을 쥐지 않고 그냥 편하게 섰을 때 늘어진 양손은 대퇴부의 바깥 쪽에 있고 손등이 아주 약간 위를 향하 듯 되어 있을 것이다. 말하자면 이것이 자연스런 손이다.

이 손을 그대로 이용해서 쥐는 것이 자연스럽고 이상적인 그립이라고 말할 수 있다. 이러한 '자연스런 손'이 어째서 이상적인 그립인가 하면 그것은 이러한 형태가 스윙 중에 쉽게 바뀌지 않게 되기 때문이다. 특히 중요한 것은 처음에는 어떻게 쥐고 있어도 임팩트에서는 양손이 자연스런 손으로 되돌아 온다고 하는 점이므로 처음부터 자연스런 손으로 쥐는 편이 좋은 결과를 얻게 되기 마련이다.

자신이 자연스런 손으로 쥐고 있는지 아닌지를 체크하기 위해서는 다음과 같은 방법이 있다. 클럽을 쥐고 자세를 취하면서 검도의 정면 치기 자세를 잡을 때와 같이 정면 상단으로 클럽을 올려 본다. 그리고 양 손을 가슴 앞까지 쭉 내린다.

이 때는 되도록 자연스런 손이 되기 쉽게 하기 위해서 그립이나 페이스를 의식하지 말고 상대의 정면을 가볍게 치는 데에 의식을 집중해 보자. 이 때 페이스가 똑바로 비구 방향을 향하고 있으면 자연스런 손으로 쥐고 있는 것이 된다. 만일 페이스가 왼쪽 아랫 방향을 향하고 있으면 오른손이 얕게 왼손을 덮은 그립을 하고 있는 것이 되며 반대로 오른쪽 윗 방향의 페이스가 되면 왼손이 얕게 오른손을 덮은 그립을 하고 있는 것이 된다.

검도의 정면 치기 요령으로
클럽을 휘둘러 내리고 페이
스가 똑바르면 자연스런 손
으로 쥐고 있다는 증거.

자연스런 손으로 쥐고 있으
면 스윙중에 변화하는 일이
없다. 따라서 정확하게 볼
을 칠 수 있는 확률이 높아
진다.

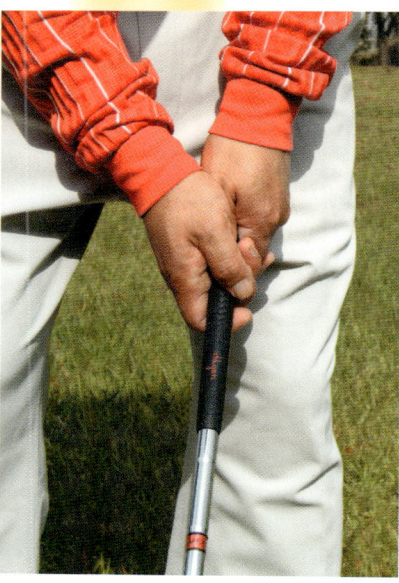

그립의 끝은 버클과 왼쪽 포켓의 중간

드라이버로 왼쪽 발뒤꿈치의 연장선 상에 정확히 볼의 위치를 잡아도 양손의 위치가 잘못되어 있으면 정확한 어드레스를 할 수 없게 되어 버린다. 프로나 싱글 플레이어가 되면 자세를 취했을 때 항상 같은 곳에 정확히 양 손의 위치가 결정된다. 이 때문에 항상 일정한 궤도로 스윙할 수 있어 샷이 안정된다.

그런데 아마추어의 경우는 세트업(set-up) 했을 때 양손의 위치가 그때마다 미묘하게 변해 버리는 경우가 많다. 양손이 앞(비구방향)으로 나가거나 뒤로 내려가거나 하고 있는 것을 깨닫지 못하고 있는 것이다.

어드레스에서의 이런 양손 위치의 변화는 스윙의 궤도를 항상 불안정하게 만들고 심할 때는 매 타구마다 다른 궤도의 비구선을 만들어 버린다. 정확한 양손의 위치는 정확한 스윙궤도를 유지하는데 있어서도 그리고 굿샷을 연발시키기 위해서도 절대 경시할 수 없는 포인트다. 양손을 정확한 위치에 세트하고 항상 똑같이 자세를 취하기 위해서는 그립엔드(grip-end)의 방향에 주의할 필요가 있다.

드라이버에서 볼의 위치는 왼쪽 발뒤꿈치의 연장선 상, 머리는 아주약간 오른쪽에 두고 자세를 취하고 대개의 표준으로서 양손은 왼쪽 대퇴부 안쪽에 놓는데 이 때 그립엔드는 벨트의 버클과 왼쪽 포켓 중간 정도를 가리키고 있는 것이다. 따라서 이 그립의 방향을 숙지하고 이를 벗어나지 않는 한 항상 정확한 양손의 위치를 확보할 수 있다.

처음에는 연습장에서든 실제로 라운드하고 있을 때이든 1구 1구 체크하도록 유의하면 차츰 익숙해져서 몇 번 해도 무의식 중에도 정확한 위치에 양손을 세트할 수 있게 된다. 무슨 일이나 처음이 중요하다. 여기까지 도달할 때까지 연습해두기 바란다.

볼의 위치는 왼쪽 발뒤꿈치의 연장선 상, 양 손은 왼쪽 대퇴부 안 쪽에 놓고 그립엔드는 벨트의 버클과 왼쪽 포켓 중간 정도를 가리킨다.

　아이언의 경우는 클럽헤드가 왼쪽 발뒤꿈치의 연장선 상에서 볼 1개 내지 1개 반 정도 오른쪽으로 옮겨지지만 양손의 위치, 즉 그립엔드의 방향은 드라이버와 크게 다르지 않다고 생각해도 좋다.

　그런데 이 그립엔드의 방향은 낮은 탄도, 높은 탄도를 의식적으로 내는 경우에도 이용할 수 있다. 즉, 낮은 탄도의 공을 칠 때는 시선을 낮은 곳으로 향한 자세를 준비자세에 응용, 체중을 왼발에 많이 실어 스윙의 축이 왼쪽으로 기울어지게 한다. 여기에 볼의 위치를 스탠스의 중앙보다도 오른쪽으로 하고 양손을 왼쪽 대퇴쿠의 안쪽에 두면 핸드퍼스트의 형태가 되어 그립엔드는 보통의 샷일 때보다도 왼쪽으로 기울어진다. 왼쪽 포켓보다 약간 안쪽의 위치로 가는 것이다.

　반대로 높은 공을 칠 때는 시선을 높은 곳으로 향하고 이를 준비자세에 응용하면 보통의 준비자세를 하고 있어도 높은 곳으로 시선을 향함으로써 자연스럽게 체중은 약간 오른쪽으로 이동한다. 따라서 볼의 위치는 보통 아이언의 위치보다도 조금 왼발어 접근한다. 양손은 왼쪽 대퇴부의 안쪽이지만 볼의 위치에 의해 그립엔드는 거의 버클 방향을 향하고 있을 것이다. 이와 같이 기본적인 양손의 위치, 그립엔드의 방향을 정해 두면 타구의 고저를 의식적으로 조작할 때에도 체크 포인트로서 충분히 응용할 수가 있다.

이상적인 그립에 대하여
왼손 중지, 약지, 새끼 3손가락으로 단단히 쥔다

이상적인 그립은 자연스런 손으로 쥐는 것이라고 앞에서 말했지만 이 쥐는 법에 대해서 조금 더 자세히 설명하기로 한다.

먼저 왼손이다. 검지의 제1관절, 제2관절의 중간과 새끼 손가락 아랫볼의 선 상에 그립엔드로부터 1인치(2.5센치) 남기도록한다. 그리고 그립을 자연스런 손으로 감싸듯이 쥔다. 손바닥과 손가락 중간의 그립으로 여기에 3개 손가락(새끼 손가락, 약지, 중지)을 단단히 휘감기도록 해서 그립한다. 다음은 엄지와 검지다. 엄지는 자연스런 손에 맡기고 그립의 바로 위가 아니라 약간 오른쪽 위에 둔다. 그리고 검지는 제 2관절에서 갈고리 모양으로 해서 그립을 쥔다.

이 때 주의해야 하는 것이 그립에 대해 엄지를 놓는 법이다. 엄지는 너무 펴거나 너무 움츠리지 않는 상태가 가장 좋고 엄지손톱의 끝이 검지의 갈고리 모양에서 약간 앞으로 나와 있는 정도가 꼭 알맞은 위치라고 말할 수 있다.

이렇게 하면 3개 손가락(새끼 손가락, 약지, 중지)이 훨씬 꽉 쥐어진다, 결과적으로 스윙 중에도 그립을 단단히 유지할 수 있게 되는 것이다. 새끼 손가락, 약지를 움직이는 근육은 엄지, 검지에 비해서 가는 근육인 만큼 힘이 약하기 때문에 새끼손가락, 약지, 중지의 3개를 단단히 쥐어야 왼쪽 팔뚝 근육의 밸런스를 정확히 잡을 수 있게 한다.

다음은 오른손의 그립이다.

그립을 쥐는 방법에는 오버래핑, 인터로킹, 텐 핑거 세 가지 타입이 있지만 오버래핑 그립을 권한다. 그립을 쥐는 것은 약지와 중지로 모두 제1, 제 2관절 사이로 쥔다. 그리고 엄지와 갈고리 모양으로 된 검지로 만드는 'v자 형'을 샤프하게 하기 위해 검지 뿌리에 주름이 잡히듯 쥔다.

엄지와 검지로 만들어지는
v자로 오른쪽 어깨와 오른쪽
귀의 사이를 가리킨다.

왼손의 그립은 검지의 제1관절과 제2관절의
중간부터 새끼 손가락 밑의 불룩해 있는 곳
으로 비스듬히 가로지른다.

　이렇게 해서 쥐면 왼손, 오른손 모두 v자 형이 오른쪽 볼에서부터 오
른쪽 어깨의 '범위' 내를 향한다. '범위'로 표현한 이유는 사람의 힘과
자세에는 개인차가 있기 때문이다.

　표준은 어디까지나 자연스런 손이지만 힘이 약한 사람은 그것보다도
약간 왼손을 틀어쥐는 편이 파워를 발휘할 수 있다.

살아있는 그립이란?
왼손의 새끼 손가락, 약지, 중지 만으로 클럽헤드의 무게를 느낀다

그립이 죽어 있어서는 안 된다.

'죽어있는 그립' 이라고 하는 것은 그립이 너무 약해서 클럽을 확실히 컨트롤할 수 없는 상태, 또는 반대로 너무 세게 쥐어서 헤드를 제대로 휘두를 수 없는 상태를 말한다.

그립의 좋고 나쁨을 결정하는 포인트는 왼손의 새끼 손가락, 약지, 중지의 3개다. 이 손가락들이 단단하게 고정되지 않으면 안 된다. 그럼 어느 정도 단단해야 할까? 그 판정에는 다음과 같은 테스트를 해서 자기 나름대로 체득하는 것이 제일이다.

왼손의 3개 손가락 만으로 그립을 쥔 후 상하 좌우로 클럽을 흔들어 본다. 그렇게 해서 헤드의 무게를 느끼고 손의 움직임에 따라 헤드가 제대로 컨트롤되고 있으면 그것이 바로 '살아 있는 그립' 이다.

그립이 느슨해져서 세 손가락 속에서 흔들흔들하며 불안정하거나 너무 약하게 쥐거나 혹은 세게 쥐어서 헤드의 무게를 제대로 느낄 수 없거나 하는 것은 기능성이 좋은 '살아 있는 그립' 이라고 말할 수 없다.

세 손가락 만으로 쥔 클럽을 왼손 하나로 어떻게 컨트롤 할 수 있는지 자신의 그립 성능을 높이기 위해서도 가끔 테스트를 해보자. 계속해서 새끼 손가락과 약지의 2개 만으로도 클럽을 지탱해 본다.

새끼 손가락과 약지로 쥐고 손바닥의 새끼 손가락 쪽에서 가장 손목에 가까운 부분(볼록한 부분)에 클럽이 단단히 들어있는 상태가 바람직한 그립이라고 할 수 있다.

왼손의 세 손가락으로 단단히 쥔다.

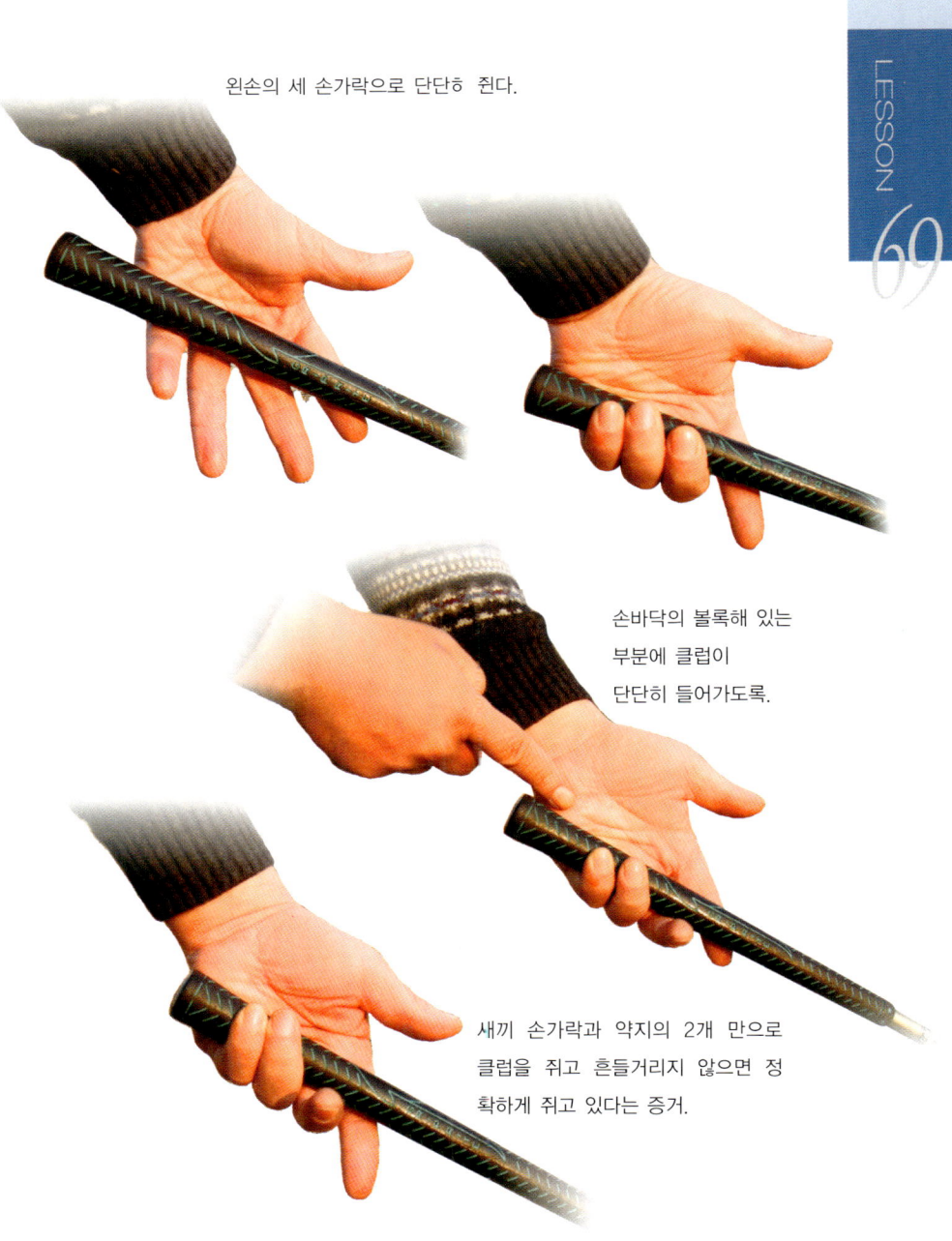

손바닥의 볼록해 있는
부분에 클럽이
단단히 들어가도록.

새끼 손가락과 약지의 2개 만으로
클럽을 쥐고 흔들거리지 않으면 정
확하게 쥐고 있다는 증거.

볼의 위치
클럽이 짧아짐에 따라서 오른쪽으로 이동한다

드라이브샷에서 볼의 위치는 왼쪽 발뒤꿈치의 연장선 상에 놓는다. 그리고 스탠스의 폭은 양발의 안쪽이 거의 어깨 폭과 일치할 정도로 하고 머리의 위치는 스탠스의 중간점보다도 약간 오른쪽으로 한다.

클럽이 변해도 볼의 위치는 같은 왼발 뒤꿈치의 연장선 상에 놓는다는 사고 방식도 있기는 하지만 일반 아마추어의 특성을 생각하면 클럽에 따라 다소의 변화가 있는 편이 치기가 쉬워진다.

예를 들면 초보자나 에버리지 골퍼에게 가르치는 경우 드라이버에서는 왼쪽 발뒤꿈치의 연장선 상, 페어웨이 우드(fairway wood), 아이언(iron)에서는 그 위치에서 볼 1개 내지 2개분 정도 오른쪽에 가도록 한다. 그 이유는 일반 아마추어는 프로나 싱글플레이어와 달리 스윙을 위한 몸의 근육이 굳어져 있는 편이기 때문이다. 어떤 클럽이라도 볼의 위치를 왼쪽 발뒤꿈치의 연장선 상에 놓아 버리면, 예를 들어 쇼트 아이언(short iron) 등에서는 다운스윙(down swing)에서 양 무릎을 확 보내지 않으면 다운블로(down blow)로 칠 수 없게 된다. 때문에 일반 아마추어에게 그런 '양 무릎 보내기'를 바라는 것은 무리이다.

볼 1개 반 정도 안으로 들어가 있으면 그렇게까지 하지 않아도 충분히 다운블로로 칠 수 있다. 다운블로로 치는 것을 의식적으로 하는 게 아니라 공의 위치에 의한 자세로 그렇게 되게 하는 것이다. 드라이버에서는 상체가 오른쪽으로 기울어 체중이 오른발에 많이 실린다. 페어웨이 우드, 롱아이언에서는 조금 스탠스가 좁아지지만 거의 드라이버의 자세와 변함없다. 미들 아이언, 쇼트 아이언이 되면 볼의 위치, 좁아진 스탠스의 폭, 짧아진 샤프트에 의해 머리와 등뼈의 위치가 점점 왼쪽으로 기울어지는 것을 알 수 있다. 즉, 체중이 많이 실리는 것이다.

192

스탠스가 좁아지고 클럽이
짧아지면 머리와 등골의
위치가 왼쪽으로 기운다.
드라이버(driver)의 볼의
위치는 왼쪽 발뒤꿈치 연
장선상, 아이언에서는 볼 2
개분 정도 오른쪽에 둔다.

스탠스의 기본
양 무릎, 양 어깨, 양 허리 전부를
비구선과 평행하게 자세를 취한다

아무리 훌륭한 스윙을 해도 자세를 취하고 있는 방향이 틀리면 똑바로 칠 수 없다. 의식적으로 슬라이스를 칠 때나 쇼트 어프로치 등에서는 오픈 스탠스, 반대로 훅볼(hook ball)일 때에는 클로즈드 스탠스 (closed stance)로 하는 등 쳐야 하는 비구선에 따라 방향을 바꿔서 자세를 취하는 경우도 있지만 스탠스의 기본은 어디까지나 비구선과 평행한 스퀘어 스탠스가 기본이다.

스스로는 비구선에 평행히 서 있다고 생각하는 경우라도 오픈이 되거나 클로즈드가 되거나 하는 데도 깨닫지 못하는 경우가 많이 있다.

가끔 클럽 등을 비구선과 평행하게 놓고 확인하자.

스탠스의 체크는 자신의 눈으로 확인할 수 있지만 양 무릎, 양 허리, 양 어깨 각각의 선에 대한 확인은 쉽지 않은 까닭에 잘못된 방향으로 향하고 있어도 간과되기 쉬운 법이다. 스탠스의 선이 비구선과 평행하게 되어 있어도 몸이 목표의 왼쪽이나 오른쪽으로 향해 있으면 이것 역시 타구의 방향이 잡히지 않는다.

예를 들면 스탠스가 평행해도 양 무릎, 양 허리, 양 어깨의 선이 목표의 왼쪽으로 향해 있었다고 하자. 그러면 백스윙에서 허리나 어깨가 돌지 않고 클럽헤드는 정확한 호로 올라가지 않고 비구선 바깥 쪽으로 올라가는 소위 아웃사이드의 궤도를 그려버린다.

이 위치에서 인사이드로 휘둘러 내리는 것은 거의 불가능하기 때문에 결국 아웃사이드 인의 궤도가 되어 슬라이스를 초래해 버린다. 몸의 방향이 목표의 오른쪽으로 향하고 있는 경우는 반대로 백스윙에서 몸이 너무 돌아가고 또한 스윙 궤도가 플랫해진다. 게다가 다운 스윙에서는 몸의 움직임이 끊어지기 쉽기 때문에 타구는 훅이 되어 버린다.

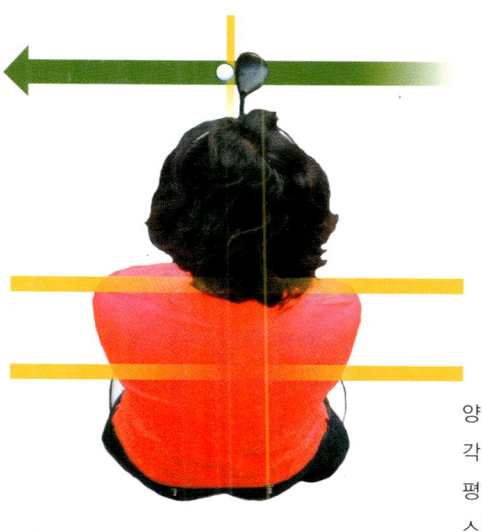

양어깨, 양허리, 양무릎
각각의 선을 바구선과
평행하게 준비한다.
스탠스가 평행해도 상
체의 방향이 틀리는 경
우도 있으므로 주의.

이와 같이 사소한 착각으로 인해 타구는 크게 틀어진다.

따라서 항상 양 무릎, 양 허리, 양 어깨의 선이 스탠스와 같이 비구선
과 평행해지도록 하는 노력을 하기 바란다.

등의 시계로 톱의 크기를 상정한다

긴 샤프트의 드라이버와 짧은 샤프트의 쇼트 아이언에서는 자연히 백스윙의 크기가 달라진다.

당연히 스윙 아크(호)가 큰 드라이버 쪽이 톱의 위치가 커진다.

양 손의 위치는 대개 우측 어깨의 약간 위 정도가 표준이다. 그리고 샤프트가 지면과 수평이 되는 것이 드라이버 톱의 크기다.

그렇지만 자신이 휘둘러 올린 양손이나 클럽의 위치를 자기 스스로 보고 확인할 수는 없다. 그러나 이미지의 힘을 빌리면 의외로 확실히 확인할 수 있다.

이같은 톱의 크기를 확인하는 방법으로는 다음과 같은 이미지 연습법을 권하고 싶다. 자신의 등에 큰 시계를 짊어지고 있다고 상정한다.

그리고 백스윙의 톱에서 클럽헤드가 어디를 가리키는지를 이미지에 새기는 것이다. 예를 들면 드라이버의 경우에는 헤드가 '3시'에 해당하는 위치를 가리키도록 이미지한다 그러면 등의 시계를 머리에 떠올릴 수 있기 때문에 '스윽' 하고 3시 위치로 헤드를 가져 갈 수 있다.

실제로 해 보면 알 수 있지만 3시라고 하는 위치는 생각하고 있는 것보다 훨씬 콤팩트한 위치가 된다. 특히 몸이 부드러운 젊은 사람이나 여성에게는 마치 샤프트를 3시 위치에 세우고 있는 듯한 느낌이 들면서 '안성 마춤'이라고 일러주는 듯하다.

또한 미들 아이언의 톱의 위치는 2시,

쇼트 아이언의 경우는 1시라고 하는 식으로 톱의 크기를 기억하고 있으면 컨트롤을 필요로 하는 아이언에서 무턱대고 세게 치는 것 같은 일은 없어질 것이다.

이상적인 드라이버의 톱의
위치는 헤드가 3시 부근을
가리킨다.
미들 아이언의 톱의 위치
는 2시, 쇼트 아이언은 1시

몸의 회전 연습
벽을 이용해서 몸의 회전을 익힌다

초보자에 대해서 '축을 중심으로 해서 몸을 회전시킨다' 고 하면 대부분의 사람은 톱 오브 스윙에서 왼쪽 어깨가 떨어지고 목이 왼쪽으로 꺾인 모습이 되어 버린다. 자신은 아주 진지하게 상체를 비틀고 있다고 여기겠지만 실제로는 어깨도 허리도 돌고 있는 게 아니라 왼발에 기대고 있을 뿐이다.

등뼈를 중심축으로 몸을 회전시킨다고 하는 사실을 알게 됨에 따라서 이런 초보자의 버릇은 점점 고쳐지지만 그중에는 5년 지나도 10년 지나도 초보자 시절의 나쁜 버릇 그대로의 스윙을 하는 사람이 있다.

그와 같이 되지 않기 위해서도 축 중심의 몸의 정확한 회전의 스윙을 빠른 시기에 몸에 익혀 두기 바란다. 그러기 위해서 권하고 싶은 방법은 '벽에 손가락 끝을 대는 체조' 가 가장 효과적이다.

우선 어깨 폭 정도로 양발을 벌리고 오른팔을 옆으로 올려 그 손가락 끝이 벽에 닿을 정도의 위치에 선다. 위치를 확인한 후 실제로 스윙하듯이 조금 발을 벌리고 상반신도 앞으로 숙인다. 다음에 오른팔을 내리고 왼팔을 옆으로 지면과 수평이 될 때까지 올린다.

그리고 양 무릎을 연결하는 선 허리의 벨트. 왼쪽 어깨와 오른쪽 어깨의 각각의 선을 지면과 수평으로 유지한 채 몸을 오른쪽으로 회전시켜 왼손의 손가락 끝이 벽에 닿도록 한다. 이 체조를 할 수 있을 때에는 어깨는 완전히 90도 이상 회전하고 허리도 45도 정도 돌고 있을 것이다.

이렇게 해서 '몸의 회전이란 이렇게 하는 것이다' 라고 하는 감각을 근육에 익혀주는 것이다. 벽이라면 어느 집에나 있다. 나무나 기둥이라도 상관 없다. 매일 밤 자기 전에 하는 것도 효과적이고 연습을 시작하기 전에 실시하면 보다 성과가 오를 것이다.

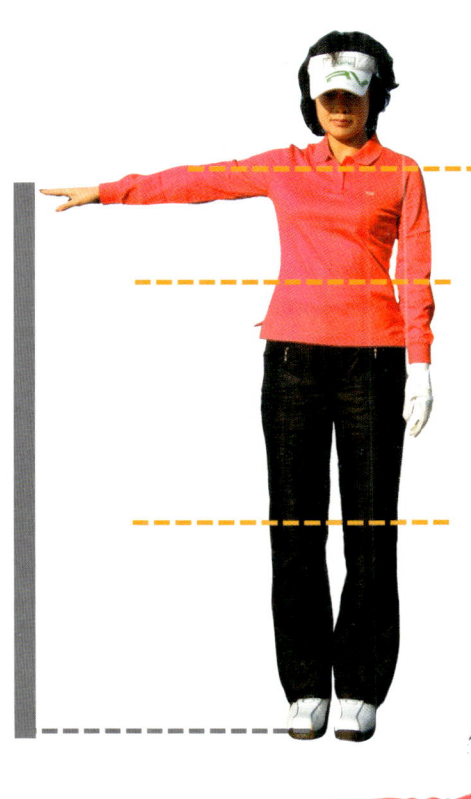

오른손의 끝이 벽에 닿는
곳에서 서 본다.

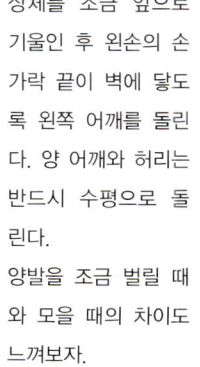

상체를 조금 앞으로
기울인 후 왼손의 손
가락 끝이 벽에 닿도
록 왼쪽 어깨를 돌린
다. 양 어깨와 허리는
반드시 수평으로 돌
린다.
양발을 조금 벌릴 때
와 모을 때의 차이도
느껴보자.

벨트를 수평으로 돌려서 톱과 피니시를 익힌다

'**상**체를 돌린다'고 말은 그렇게 해보지만 초보자 시절에는 몸이 좀체로 잘 돌지 않는 법이다. 능숙하게 몸을 돌리지 않은 채 그러한 스윙을 계속하고 있으면 그것이 나쁜 버릇이 되어 도중에 고치려고 생각해도 좀체로 그 버릇이 없어지지 않게 되어 버린다. 따라서 반복해서 말하지만 정확한 몸의 회전은 가능한 한 빠른 시기에 확실히 몸에 익혀 두기 바란다. 몸의 정확한 회전을 익히기 위해서는 양발을 가지런히 모으고 스윙하는 방법이 제일이다.

양발을 가지런히 모으고 어드레스하고 앞으로 숙인 채 목덜미를 상하, 좌우로 움직이지 않도록 하고 허리와 어깨를 수평으로 한 채 오른쪽으로 돌려 간다. 처음에는 어깨와 허리의 수평 회전 감각을 좀체로 파악할 수 없다. 그래서 허리는 바지의 벨트가 수평으로 돌도록 하고 어깨는 왼쪽, 오른쪽 어깨의 선이 지면과 수평으로 돌도록 주의하면서 실시해본다.

이 방법이라면 누구나 '수평으로 돌리는' 느낌을 파악 할 수 있다. 이 '어깨와 허리의 수평 회전'은 클럽을 휘둘러 내릴 때에 응용된다. '우향우'와 같이 몸을 비틀어 클럽을 휘둘러올리고 내릴 때는 반대로 '좌향좌'의 자세로 몸을 돌린다. 몸을 돌리는 데에 익숙해지면 클럽을 완전히 휘둘러 올렸을 때에 몸은 그대로 하고 왼발을 살짝 옆으로 내밀어 본다. 그것이 대강 정확한 톱 오브 스윙의 형태로 그때의 몸이 어떻게 회전하고 있는지 눈을 감고 자신의 머릿속에 잘 넣어 둔다.

피니시 때도 마찬가지라고 말할 수 있다. 양발을 가지런히 모으고 다 휘두르면 오른발을 벌려서 발 끝을 붙인다. 가슴과 벨트의 버클이 치는 방향으로 향하고 양 손은 높게, 클럽은 등을 가로지르듯 늘어지도록 한다. 이 때 체중은 거의 100% 왼발에 실려 있다.

버클을 수평으로 돌리
는 이미지로 몸을 비튼
다. 다음에는 양 발을
모으고 해본다.

타올의 끝을 묶어서 정확한 스윙을 익힌다

백스윙이 어떻다, 다운스윙이 어떻다라고 말하기 전에 '클럽헤드를 어떻게 휘두를까' 라고 하는 것을 먼저 익혀야 한다. 클럽헤드를 볼에 딱 맞히기 위해서는 클럽을 휘두르는 센스(감각)를 사전에 길러 두어야 한다. 초보자라면 갑자기 클럽을 쥐고 휘두르려고 해도 볼을 정확히 잡을 수 없는 것이 당연하다.

우선 타올을 1장 준비한다. 타올 끝을 둥글게 묶어 이것을 추 대신으로 삼는다. 실제로 스윙하듯이 스탠스를 잡고 타올을 손에 쥔다. 왼손이든 오른손이든 상관없지만 대부분 오른손 쪽이 사용하기 익숙해져 있으므로 처음에는 오른손으로 휘둘러 본다. 타올을 쥐고 어드레스의 자세를 취한 후 실제로 클럽을 휘두르듯이 백스윙, 다운스윙, 팔로우스루, 피니시까지 단숨에 휘두른다.

그때 '휘익' 하고 바람 가르는 소리가 어디에서 들리느냐가 문제다.

정확하게 휘두르고 있으면 임팩트로부터 팔로우스루에 걸쳐서 들릴 것이다. 이 때 타올은 팽팽히 펴지고 끝 매듭의 가속도가 붙어 최고로 올라가있다. 오른쪽 허리 앞에서 들리는 것 같으면 손으로 휘둘러 내리고 있든가 빨리 손목을 사용하고 있든가 둘 중의 하나로 이렇게 되면 볼을 정확히 잡을 수 없다. 또한 정확한 스윙을 하고 있으면 팔로우스루부터 피니시에 걸쳐서 오른팔과 타올이 일직선이 되어 등에 띠를 두른 것 같은 형태로 휘감긴다.

오른손으로 정확히 휘두를 수 있게 되면 다음에 왼손으로도 마찬가지로 해 보자. 의외로 아무것도 아닌 듯한 연습 방법이지만 이것은 실내에서 언제 어디서나 할 수 있고 더구나 매우 효과가 있으니까 꼭 해 본다.

초보자는 물론 슬럼프에 빠졌을 때 조금만 연습해도 큰 도움이 된다.

임팩트부터 팔로우스루에 걸쳐서
'휘익' 하는 소리가 나면 이상적

타올로 익힌 헤드의 스윙을 실제의
스윙에도 응용해본다

정확한 손의 사용법
어프로치 체조로 감각을 익힌다

어프로치(approach)의 완성을 위해서는 손의 스윙을 개량하는 것이 필요하다. 잘못된 손의 스윙법을 하고 있는 동안은 폼 자체가 엉성해지거나 볼의 머리부분을 치거나 하는 실수가 많아져서 제대로 핀에 접근해 주지 않는다. 여기서 좋지 않은 손의 스윙법이란 손목을 지나치게 사용하는 것이다.

임팩트부터 팔로우스루에 걸쳐서 왼쪽 손목이 〉 모양 (자기자신 쪽에서 보아)'으로 구부러지거나 퍼 올리는 듯한 손놀림이 되고 있는 것이 그것이다. 어프로치 뿐만 아니라 다른 아이언 샷부터 드라이버까지 손의 지나친 사용은 금물이다.

손은 어떤 식으로 사용하면 좋은지 여기 그 답이 있다.

어프로치 완성 체조로 정확한 손의 사용법을 빨리 익히자. 클럽을 쥐지 않고 30~40미터 정도 치는 어프로치의 자세를 취한다. 그리고 손은 왼쪽 손목이 위에 오도록 교차시켜서 양쪽 손등을 마주 댄다. 그런 다음 왼손의 옆구리를 조이고 우측 옆구리의 높이, 좌측 옆구리의 높이까지 손을 휘둘러 본다.

손등이 마주 겹쳐져 있기 때문에 손을 휘두르고 있는 동안 손목은 전혀 사용되지 않는다. 양 어깨와 양 팔로 만드는 삼각형을 무너뜨리지 않고 손을 휘두르고 있는 느낌이 될 것이다. 이것이 몸과 손이 일체가 된 원피스 스윙법의 원형으로 어프로치부터 드라이버까지 스윙의 기본이 되는 부분이다. 이 연습법으로 어프로치가 능숙해지고 스윙의 기본까지 몸에 익힐 수 있으면 그야말로 일거양득이다.

NO

YES

클럽을 쥐지않고 양쪽
의 손등을 맞대고 어드
레스한다.
'30~40미터 짜리의
백스윙'을 하되 손목은
사용하지 않는다.

몸과 손이 일체가 된 원
피스 스윙을 유의한다.
임팩트부터 팔로우스루
에 걸쳐서 왼쪽 손목이
'〈' 모양이 되지 않도록.

스윙크기의 비율
백스윙과 피니시의 비율은 3대 2

실력을 알지 못하는 사람에게 30~40미터 정도의 거리의 어프로치를 하게 하면 그 사람의 핸디가 대략 몇 정도 인지를 알 수 있다.

어째서 알 수 있느냐 하면 능숙한 사람일 수록 거리에 맞는 스윙의 크기로 치고 그렇지 못한 사람은 거리에 맞지않는 스윙의 크기를 나타내는 경우가 많다는 얘기이다.

기본이 약한 초보자나 핸디 30 이상의 사람은 백 스윙에서 일단 크게 휘둘러 올리고 임팩트에서 힘을 조절하려는 경향이 있다.

이에 반해 능숙한 골퍼 즉, 핸디 15 이내의 사람은 백 스윙도 거리에 맞춰서 작게 취하고 임팩트에서 헤드스피드를 늦추는 일 없이 예리하게 휘두른다. 휘둘러 올리고 내리는 감각은 대부분 3분의 2 정도의 느낌으로 백스윙과 팔로우스루를 취하는 것이 좋다.

이와 같이 치면 거리감도 딱 맞고 스피드도 잘 들어서 멈춘다. 백스윙과 팔로우스루 '크기의 비율' 은 실제 3대 3으로 대칭 되기 쉽지만 감각면에서는 3대 2 정도의 느낌으로 휘두르면 이상적인 스윙이 된다. '셋만큼 휘둘러 올리고 임팩트 후 둘에서 멈춘다.' 거리감은 어디까지나 연습으로 몸에 익혀야 하는 것이지만 나이가 많거나 여성 등 힘이 약한 사람. 젊은 사람, 힘이 있는 사람 등, 각각 볼이 나는 거리는 사람에 따라 다르다. 따라서 이 감각도 연습에 의해 파악해 둘 필요가 있다. 만일 거리가 길다고 느껴지면 큰 스윙을 한다. 볼에서 떨어져서 서게 된다.

반면 사과 껍질을 벗길 때는 팔꿈치를 움츠리고 자신의 몸에 나이프를 가까이 대고 벗긴다. 이것이 매우 짧은 어프로치의 필링이다.

이와 같이 하나 하나의 이미지가 확실히 머리에 있으면 자연히 스윙의 크기도 거리에 맞는 것이 되어 간다.

초보자의 대부분은 크게 휘둘러
올리고 임팩트에서 힘을 조절하
려 한다. 거리에 맞는 백스윙을
하는 것이 중요하며 작은 백스윙
에서 팔로우스루를 크게 취하는
것은 잘못이다.

쇠망치를 쥐었을 때나 사과를 벗길 때의 이미지로

정확한 백 스윙을 익히기 위한 연습
볼을 던지려고 하고 있는 상태가
톱에서의 우측 팔꿈치의 모양

정확한 백 스윙을 익히기 위해서 옛날에는 '우측 옆구리가 비지 않도록 하라'는 레슨에 따라 우측 옆구리에 손수건 등을 끼우고 연습했다.

그런데 현재는 파워히트를 강조하는 시대가 되어 우측 옆구리도 자연스럽게 해 두고 스윙의 호를 크게 하여 임팩트에서 최대의 파워를 발휘할 수 있도록 하는 스윙으로 변화하고 있다.

우측 옆구리는 다소 비어도 괜찮지만 한 가지 조건이 있다.

그것은 백 스윙의 톱에서 우측 팔꿈치가 야구에서 투수의 공을 받아치려고 배트를 쥔 타자의 우측 팔꿈치와 같이 옆으로 뛰어 나가지 않도록 하라는 것이다.

즉, 오른쪽 팔꿈치의 선단이 항상 지면을 가리키고 있으면 오른쪽 팔꿈치는 몸에서 떨어져도 상관없다. 볼을 오른손에 쥐고 그것을 멀리 던지려고 마음먹고 있는 상태가 올바른 오른쪽 팔꿈치의 모양이다.

오른쪽 옆구리는 부자연스럽게 꽉 조르는 것도 아니고 그렇다고 너무 크게 틈을 벌리는 상태도 아니다. 오른쪽 옆구리가 정확한 위치에 유지되고 있으면 정면에서 사진을 찍었을 경우 왼쪽 팔꿈치 밑으로 오른쪽 팔꿈치가 보이고 있을 것이다.

볼을 던지려고 하는 상태가 톱에서의 오른쪽 팔꿈치의 형태. 오른쪽 팔꿈치는 지면을 가리킨다. 오른쪽 옆을 너무 조이거나(좌) 반대로 너무 크게 올리는 것(우)은 잘못

NO

NO

다운스윙의 스타트
허리를 어드레스로 되돌리려는 셈으로
다운스윙을 시작한다

다운스윙의 스타트란 무엇을 말하는 것일까. 매우 간단히 말하자면 다운스윙의 스타트란 '돌린 허리를 어드레스의 위치로 되돌릴 뿐'이라고 쉽게 생각하면 된다.

여러분의 머릿속에는 프로나 능숙한 아마추어가 휘두르는 폼의 이미지가 들어있다. 무작정 이런 이미지대로 꺾으려고 하면 간단해야 할 다운 스윙의 스타트가 복잡해져 버린다. 여기에서는 지나치게 복잡하게 생각하지 않는 편이 헤드의 궤도를 벗어나지 않고 보다 파워풀에게 헤드를 사용할 수 있는 지름길이 된다.

다운 스윙의 스타트에서는 허리를 어드레스의 위치로 되돌리는 것이라고 말했는데 그럼 과연 어떻게 하는 것이 어드레스의 위치로 되돌리는 것이라는 말일까.

자세히 설명하자면 움직임은 몸의 아래 쪽부터 시작한다고 보면 된다.

우선 왼쪽 발뒤꿈치의 착지 동작이 선행하고 그 움직임이 되감기를 유도하고 다시 어깨의 되감기, 양팔의 휘둘러 내림, 클럽의 하강 식으로 움직임이 연쇄적으로 몸의 아래쪽부터 위쪽으로 전해져가는 것이다.

그러나 초보자 시절에 이것을 구체적으로 생각하며 완벽히 따라하려고 하면 움직임이 잘 연결되지 않는 경향이 생긴다. 그래서 '허리의 어드레스 위치로의 되돌리기'를 강조한 것이다.

프로일지라도 그러한 순서는 연습에 의해 몸에 인식된 결과이지 순식간에 이뤄지는 다운 스윙 중에 이를 순서대로 생각하며 칠 수는 없는 것이다. 하물며 초보자라면 말할 나위가 없다. 다운 스윙에서는 이것 저것 생각하고 클럽을 휘둘러 내릴 수는 없으므로 단 한 가지, 허리를 어드레스로 되돌린다는 것 만을 생각하고 다운스윙에 들어가도록 하자.

허리를 어드레스의 위치로 되돌린다는 생각으로 다운 스윙을 시작한다. 그 움직임은 몸의 아래쪽(왼발 뒤꿈치의 착지)부터 시작되어 연쇄적으로 위쪽으로 전해져 간다.
왼팔의 리드로 끌어내려 임팩트 직전에서 콕을 풀면 강한 임팩트가 된다.

다운 스윙에서
양 어깨를 비구선과 평행히 하면 '벽'이 생긴다

다운 스윙에서 '왼쪽 사이드에 벽을 만들어라'고 하는 말을 들은 적이 있을 것이다.

이 말은 강한 왼쪽 사이드를 만들어 두고 헤드를 볼에 대라는 뜻이다.

이것이 임팩트에서 강한 파워를 낳기 위해서의 불가결한 움직임이라고 일컬어지고 있는 것이다.

그럼 과연 왼쪽 사이드의 벽은 어떻게 하면 만들 수 있는 것일까?

하지만 실제로 클럽을 휘둘러 보면 알 수 있겠으나 아무리 의식을 하고자 해도, 몸의 왼쪽 사이드에 힘을 주어도 '이것이 벽이다'라고 하는 느낌은 좀처럼 생기지 않을 것이다.

이 왼쪽 사이드의 벽은 사실 의식하고 만들어지는 것이 아니며 정확한 다운 스윙중에 자연히 생기는 것이기 때문이다.

더구나 다운 스윙에서 상체부터 되감거나 혹은 손이나 팔부터 앞으로 휘둘러 내려오면 절대로 왼쪽 사이드의 벽은 생기지 않는다. 벽이 생기기 전에 몸이 비구 방향으로 빨리 벌어져 버리기 때문이다.

왼발 뒤꿈치의 착지⇨

허리의 어드레스 위치로의 되돌리기⇨

양어깨의 되감기⇨

양팔, 클럽의 하강이라고 하는 연쇄 운동이 스무드하게 이루어 졌을 때 비로소 양어깨가 비구선과 평행한 위치(이 때의 허리는 약간 왼쪽으로 벌어져 있지만)로 왼쪽 사이드의 캥김이 나타나서 임팩트하고 있는 느낌이 되며 이것이 '왼쪽 사이드의 벽'이 생기는 과정이다.

따라서 왼쪽 사이드의 벽을 만들기 위해서는 주저없이 '양어깨를 비구선과 평행히 해서 임팩트하라고 말할 수 있다.

정확한 다운스윙이 이루어져서 임팩트에서
강어깨의 선이 비구선과 평행한 위치가 되
었을 때에 '왼쪽 사이드의 벽'이 생긴다.

'스윙' 타법
패스스루해야만 헤드스피드를 얻을 수 있다

볼을 멀리 던져보라고 하면 누구나 최대한 볼을 멀리 던지고 싶은 법이다. 그러나 가만히 서 있거나 앉아있는 상태에서 손 만으로 던진다면 아무리 있는 힘껏 볼을 던진다 해도 멀리 날아가지는 않는다.

야구의 투수 동작에서 보듯 멀리 던지기 위해서는 몸의 회전과 어깨의 힘이 동반되어야 강력하고 멀리 던질 수 있는 것을 알 수 있다.

골프에서도 마찬가지다. 몸의 회전으로 얻은 파워를 팔에서 손으로, 손에서 클럽으로 전해 가야만 한다. 즉, 완전한 스윙으로 인해 볼은 보다 멀리 정확히 날아갈 확률이 높아지는 것이다.

임팩트 때만 딱하고 세게 맞히는 것이 아니라 헤드를 '패스스루' 시키는 듯한 상태가 맞다. 이것이 한 마디로 '스윙' 타법이다.

이와 같이 헤드를 패스스루시켜서 볼에 맞혀 가려고 하면 헤드에 가속이 붙어서 손만으로 강타했을 때보다 훨씬 헤드스피드가 올라간다.

그네를 떠올려 보자. 그네는 시계추와 같이 흔들리지만 걸상대가 내려와서 최저점에 이르렀을 때 최고의 스피드가 나는 것은 아니다. 가장 스피드가 올라가는 것은 가속이 최고조로 붙었을 때, 즉 최저점을 지나간 지점에서부터다.

골프의 스윙도 이것과 완전히 같다. 손의 완력에 의존한 임팩트 강타주의로 일관하면 임팩트 직후의 팔로우스루에서는 이미 '스피드 다운'한 상태가 되는 것이다. 이와 달리 '패스스루' 형의 스윙 타법이라면 마치 그네와 같이 임팩트 직후에 헤드스피드가 최고가 된다.

'힘이 빠지니 오히려 잘 난다' 라고 말하는 골퍼를 볼 수가 있는데 이는 이러한 상태가 되어야 '패스스루' 의 스윙이 가능하게 되고 필요한 지점에서 헤드스피드가 올라갔기 때문이라고 말할 수 있다.

214

클럽헤드가 최고의 스피
드가 나는 지점은 최저점
을 조금 지나간 지점

헤드의 스윙
문창호지를 찢지 않는 손의 움직임으로

볼을 똑바로 날리는 키포인트는 임팩트에 있다 -.
누구나 이렇게 생각하고 있을 것이다.

확실히 그 논리는 틀림없지만 임팩트에서 '똑바로 날리자' 라고 하는 마음이 강하면 팔만 똑바로 휘두르고 정작 중요한 헤드가 휘둘리지 않게 되어 버린다. 레슨프로가 이런 스윙을 보면 '손만 휘둘리고 클럽헤드는 휘둘리지 않는군요' 라고 주의를 준다. 그럼 헤드가 휘둘린다고 하는 것은 어떤 것일까? 이 문제의 열쇠는 당신의 머릿속, 즉 이미지에 있다.

그것은 바로 문창호지를 총채로 터는 이미지이다. 총채로 탁탁 털 때 손의 '스윙' 이 잘 되지 않으면 문창호지를 찢어 버린다.

헤드의 스윙도 창호지를 찢지 않는 손의 움직임이라고 할 수 있다.

그런 식으로 머리에 떠올려 보자. 다운 스윙에서는 왼쪽 옆구리를 조른 채 왼팔의 리드로 클럽을 끌어 내린다. 그러나 언제까지나 왼팔의 끌어내림만 계속하고 있으면 양손이 선행해서 정확하게 어드레스의 위치로 되돌아가지 못하게 된다.

이 것이 바로 양손으로 '문창호지를 찢는' 좋지 않은 예이다.

따라서 왼팔(손)을 어드레스의 위치로 되돌리듯 해서 내려 와야 한다. 이것은 릴리스 포인트라고 일컬어지는 것이다. 콕(cock)을 풀고 어드레스의 위치를 향하게 하는 포인트이다. 그(릴리스) 포인트는 개인에 따라서 차이가 있기는 하지만 대략 우측 대퇴부 부근이다.

대퇴부 이 전까지는 왼팔에 의한 끌어 내림이 이루어졌지만 이 포인트에 이른 무렵부터 헤드가 되돌아오기 시작해서 임팩트에서는 어드레스의 포지션으로 되돌리고 그 후는 클럽 헤드가 선행해간다. 이것이 강한 임팩트로 이어지는 것이다.

임팩트에서의 '헤드 스윙'은 문창호지를 총채로 털 때의 손의 움직임과 등일. 똑바로 날리려고 하는 마음이 강해지면 팔만 똑바로 휘둘러지고 헤드가 휘둘리지 않게 되어 버린다. 이런 손의 움직임은 문창호지를 찢게 된다.

NO

피니시의 밸런스
체중이 왼발에 실린 밸런스 좋은 피니시

피니시는 밸런스가 잡혀 있어야 한다.

허리가 당겨져 버리거나 체중이 오른발에 남아 있는 듯한 피니시여서는 안 된다. 그럼 그 체중의 이동을 자연스럽게 하기 위해서는 어떻게 하면 좋을까? 마음 만으로는 좀체로 체중이 이동해가지 않는다. 체중이 왼발에 실리지 않는 사람은 턱 밑으로 오른쪽 어깨, 바지 우측 포켓을 끌고 와서 일직선에 늘어놓듯이 하는 것이다. 그리고 그 연장선은 정확히 왼쪽 발뒤꿈치 지점에 오도록 한다.

이것으로 체중은 왼발에 실리게 된다. 턱 밑으로 오른쪽 어깨, 오른쪽 포켓을 일치시킨다고 하는 것은 그다지 어려운 일은 아니며 '부산물'로 축(등뼈)을 움직이지 않도록 유지한다고 하는 이점도 생긴다.

이렇게 해서 체중을 왼쪽으로 이동 시키면 벨트의 버클을 비구(飛球) 방향으로 똑바로 향하도록 회전시켜서 볼의 행방을 따라잡는다. 체중이 왼발 하나에 실리고, 몸도 충분히 회전하고, 밸런스 잡힌 아름다운 피니시- 이렇게 되면 O.K다.

제 2 장

싱글로
가기 위한
트러블 샷
공략법

런의 공략법
볼이 떠 있을 때는 우드가 좋을 수도 있다

런부터는 일반적으로 우드를 사용하는 것은 금물(?)이라고 일컬어지기도 하지만 반드시 그렇다고 단정할 수는 없다.

런의 상황에 따라서는 오히려 우드쪽이 좋은 결과가 나타나는 경우가 있기 때문이다.

그것은 순(順)결의 잔디 위에 볼이 얹혀 있는 경우이다. 순결의 잔디란 잔디결이 치는 방향으로 향해져 있는 상태를 말한다. 그런 상태의 잔디라면 우드(wood)의 솔(sole)이 미끄러져 가기 때문에 아이언보다도 좋은 결과가 나타난다.

클럽은 버피(buffy, 4번 우드)나 클리크(cleek, 5번 우드)다. 떠 있다고 해서 드라이버(driver)나 스푼(spoon, 3번 우드)으로 치는 것은 위험부담이 있기 때문이다.

그립은 그립엔드로부터 2, 3센티 남기고 짧게 그립하며 볼의 위치는 왼발 뒤꿈치의 연장선 상에서 볼 1개분 정도 우측이면 된다. 스윙은 비질을 하는 듯이 한다. 쳐 넣으면 푹신푹신한 잔디 속에 헤드가 숨어버리는 경우가 많기 때문이다.

스탠스의 중간에 머리를 놓고 스윙 중에 움직이지 않도록 주의한다. 그렇게 하면 스윙의 호도 자연스럽게 약간 어퍼블로가 되어 볼을 깨끗이 채나갈 수 있다. 볼이 잔디 위에 떠 있다고 해도 절대 치기 쉬운 라이는 아니다. 그 점을 생각하고 큰 스윙을 피해서 약간 콤팩트한 기미로 확실히 쳐내도록 하자.

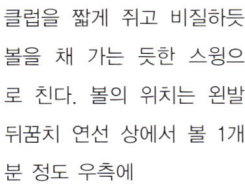

클럽을 짧게 쥐고 비질하듯
볼을 채 가는 듯한 스윙으
로 친다. 볼의 위치는 왼발
뒤꿈치 연선 상에서 볼 1개
분 정도 우측에

YES

NO

볼이 반만 잔디 속에 가라앉아 있는 상황
클럽을 짧게 쥐고 예각으로 휘둘러 올린다

볼이 반만 잔디 속에 가라앉아 있을 때는 어떻게 쳐내야 할까.

초보자의 경우 러프 속에 볼이 들어가는 것을 보면 어떻게 쳐내야 할지 매우 난감해 하는 경우가 많다.

그런데 세미 러프 지대로 날아 들어갔을 때와 같이 볼이 잔디 속으로 전부 숨어버리지 않고 반 정도만 나와 있는 경우가 있다.

이런 때는 우드나 롱아이언은 사용할 수 없지만 미들 아이언으로는 충분히 칠 수 있다. 그린까지의 거리가 가령 페어웨이 우드나 롱아이언의 거리일지라도 그 거리감에 유혹되지 말고 우선 그 볼을 확실히 쳐내는 데에 전력을 경주해야 한다.

이때 주의해야 하는 것이 퍼 올려 치기다. 볼이 기어들어가 있으면 아무래도 밑에서부터 퍼 올려서 쳐 내고 싶어지는 법이다. 그러나 이런 타법으로는 볼의 바로 앞 잔디의 저항이 있어서 제대로 쳐낼 수 없다.

이럴 때 적절하게 사용되는 타법의 준비자세로써 볼을 스탠스의 한가운데에 있게 하고 클럽을 약간 짧게 쥐는 자세를 한다.

백 스윙에서는 보통의 미들 아이언 샷 때보다 콕을 일찌감치 사용해서 약간 예각으로 휘둘러 올려 친다.

이런 백 스윙을 하면 다운 스윙에서도 휘둘러 내림의 궤도가 예각이 되어 볼의 바로 앞 잔디에 먹히지 않고 볼을 직접 칠 수 있다.

또한 한 마디로 러프라고 해도 상황은 여러 가지로 달라질 수 있는 것이므로 상황을 잘 파악한 후 이에 따라서 볼이 라이를 잘 관찰하는 것이 중요하다.

약간의 콕(cock)을 일찌감치 사용해서 휘둘러 올리고 예각적으
로 휘둘러 내리면 잔디에 먹히지 않고 잘 탈출할 수 있다.

볼이 전부 잔디 속으로 숨어 있는 상황
볼을 직접 히트하듯 쳐 나가 주는 것이 효과적

볼이 깊은 잔디 속으로 전부 들어가버렸다. 자 이제 어떻게 해야 할까. 볼이 깊은 잔디 속으로 숨어 있는 듯한 상황에서는 우선 로프트가 많은 피칭이라든가 샌드웨지로 탈출하는 것을 생각한다.

그런 의미에서는 깊은 숲 속에서 탈출하는 것과 같다.

이러한 경우의 샷은 반만 기어들어가 있을 때와 같이 단순히 퍼올려 치기의 개념 만으로 탈출하려고 한다면 무리이다. 다운블로의 스윙궤도로 볼을 직접 히트하듯 쳐 나가 주는 것이 효과적이다.

그러나 볼 만을 채서 빼낼 수 있다고는 할 수 없다.

볼이 숨어있는 관계로 볼 뒤의 잔디와 함께 칠 수밖에 없게 되므로 잔디가 볼과 페이스 사이에 끼이는 결과가 되어 백스핀은 거의 기대할 수 없다. 백스핀은 커녕 '드롭' 또는 '플라이'라고 일컬어지는 구질이 되어 너무 날아가 버리는 경우가 있다.

따라서 이와 같은 상황에서 그린을 노릴 때는 약간 쇼트 기미로 공격해 나가는 것이 요령이다. 사용하는 클럽이 정해지면 잔디의 저항을 이길 수 있도록 왼손의 그립(특히 새끼 손가락, 약지, 중지의 3개로)을 단단히 쥔다. 볼의 위치는 스탠스의 중앙이나 그것보다도 아주 조금 우측 그리고 체중은 왼발에 많이 싣는다.

백스윙에서는 일찌감치 콕을 하고 급격한 각도의 다운블로 궤도로 휘둘러 내린다. 볼 뒤로 재빨리 클럽을 휘둘러 내려서 자칫 헤드가 잔디에 처박히는 일이 없도록 반드시 헤드를 빼내도록 한다.

욕심내서 크게 휘두르지 말고 위에서부터 확실히 쳐서 볼을 빼내는 것만을 생각하고 샷한다.

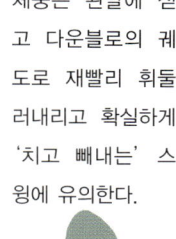

체중은 왼발에 싣
고 다운블로의 궤
도로 재빨리 휘둘
러내리고 확실하게
'치고 빼내는' 스
윙에 유의한다.

러프의 탈출은 스핀이 걸리지 않아 생각보다
너무 날아가 버리는 경우가 있기 때문에 짧은
듯하게 공격해 나가는 것이 좋다.

성공률이 60% 이하라면 작전을 다시 짜라

골프는 자신과의 싸움이자 자연과의 싸움이라고 흔히들 말하는데 정말 그 말 그대로라고 생각하면 된다. 코스에는 페어웨이와 그린만 있는 것이 아니고 숲도 있고 강이나 연못도 있으며 인위적으로 만든 모래웅덩이까지 있다. 이런 곳에 볼을 넣지 않으면 문제는 없지만 골퍼는 기계가 아닌 인간이기 때문에 볼을 치다보면 아무래도 그런 자연 조건이 불가피하게 하나의 위협으로써 앞에 가로막아 서게 되는 경우가 있다. 특히 숲은 성가시다고 할 수 있다. 숲 속으로 쳐 넣어도 운좋게 빠져나와 목표 방향으로 칠 수 있는 경우도 있지만 그 확률은 매우 적다고 말할 수 있다.

흔히 목표 방향으로 빠질 것 같지도 않은데 되든 안 되든 내기를 하듯이 무모하게 빠져 나가려고 하는 사람이 있는데 이것은 잘못이다. 70~80퍼센트 이상의 확률로 빠져 나갈 수 있다면 별문제이지만 성공률이 60퍼센트 이하 밖에 안 될 것같은 경우 무턱대고 목표를 향해 쳐 나가고 보자는 식은 위험하다.

숲 속으로 들어갔을 때의 사고방식으로서는 그 볼이 있는 곳에서부터 그린까지 작전을 새롭게 다시 짜야 한다는 것이다. 다음 타구를 치기 쉬운 페어웨이로 우선 탈출하고 그곳에서 그린 주변의 안전한 곳, 예를 들면 벙커, 깊은 계곡, 숲 등을 피한 곳에 쳐두고, 다시 말하자면 어느정도 자신감이 느껴지는 지역에서 절묘한 어프로치로 컵에 접근시키는 식의 플랜이 바람직한 것이다.

따라서 숲 속으로 들어가도 항상 이런 새로운 플랜을 생각하는 여유가 필요하다. 그렇게 하면 저절로 승산이 없는 모험적인 샷은 피하게 될 것이다.

치기 전에 상황을 잘 관찰
하고 게임플랜을 세운다.
만일 숲속에 빠지면 새롭
게 작전을 다시 짠다.

숲 속의 라이
낮은 볼로 나무와 나무 사이를 빠져 나간다

숲 속의 라이는 절대 좋은 상태에 있다고는 생각할 수 없다.

경우에 따라서는 지면이 튀어 나와 있는 베어그라운드(벌거벗은 땅)로부터의 샷을 각오해야 하는 경우도 생긴다.

골프를 하다보면 누구나 경험할 수 있는 일이지만 베어그라운드로부터의 샷은 뒤땅을 치기 쉬운 법이다.

그 점을 고려하면 비교적 로프트가 적은 클럽으로 나무와 나무사이를 빠져 나가는 편이 쉬워진다.

볼의 위치는 스탠스의 중앙보다 오른발 옆. 클럽을 짧게 쥐고 체중은 왼발에 많이 싣고 자세를 잡는다. 양손의 위치는 왼쪽 대퇴부의 안쪽에 오기 때문에 형태상으로는 완전한 핸드퍼스트로 셧페이스인 채 낮게 (콕을 사용하지 않도록)휘둘러 올린다.

그리고 왼손으로 리드하듯 휘둘러 내려서 양손이 어드레스의 위치와 같은 핸드퍼스트의 형태로 임팩트한다.

친 후에는 왼손을 되돌리지 않고 멈춰버린다. 이런 숲 속으로부터의 샷에서는 볼이 좋은 상태로 나갔는지 매우 마음에 걸린다. 그 때문에 헤드업의 미스를 유발하기 쉽다. 부주의하게 머리를 올리지 않도록 주의하기 바란다.

다시 말하지만 숲속으로부터 탈출하기 위해서는 섣부른 판단에 의한 탈출방법보다는 낮은 볼로 나무와 나무사이를 빠져 나가는 방법이 가장 쉽다.

그러기 위해서는 로프트가 적은 클럽으로 셧 페이스를 한 채 낮게 휘둘러 올리고 왼손을 되돌리지 않고 낮은 위치에서 클럽을 멈춰 버리되 헤드업에 주의하면 의외로 잘 된다.

볼의 위치는 스탠스의
중앙보다 오른발 옆. 클
럽을 짧게 쥐고 체중은
왼발에 많이 싣는다.

숲속으로부터 탈출하기 위해서는
낮은 볼로 나무와 나무사이를 빠져
나가는 방법이 가장 쉽다.

숲속에서는 베어그라운드(벌거벗은 땅)에서의
샷을 각오해야 하는 경우도 생긴다

나무 뿌리에 볼이 있을 때는
거리 욕심을 버리고 탈출 만을 생각한다

나무 뿌리에 볼이 위치해 있더라도 어렵지않게 칠 수 있는 상황이라면 별 문제는 없겠지만 장소에 따라서는 정확한 스탠스를 취할 수 없는 경우도 많이 생긴다.

이런 경우 특히 주의해야 하는 것은 거리를 욕심내고 크게 휘두르려 하는 것이다. 이런 때는 무리없는 트러블의 장소로 옮겨놓는 것, 즉 나무 뿌리로부터 탈출하는 것 만을 생각한다. 경우에 따라서는 목표 방향으로 칠 수 없는 상황도 있다. 목표와는 다른 방향인 옆이나 뒤로 쳐서 그곳에서 다시 그린을 공격해 나가는 작전도 있는 것이다. 또한 우측 사진과 같이 클럽을 거꾸로 쥐고 자신의 오른쪽으로 볼을 빼내야 하는 특이한 상황도 생길 수 있다.

아무튼 나무 뿌리에 볼이 있을 때는 우선 다음 타구를 정상적으로 칠 수 있는 장소로 무리없이 탈출하는 것 만을 생각한다. 목표로 직접 칠 수 없는 상황에서는 다소 손해를 보는 것 같아도 탈출을 제일로 생각하고 좋은 위치로 쳐내라는 말이다. 이 때 다음 샷을 치기 쉬운 장소로 선택하는 점도 잊어서는 안 되는 포인트다.

또한 굵은 줄기의 뿌리에서는 그렇게 하지 않겠지만 가는 나무의 뿌리는 주의해야 한다. 특히 힘이 약한 여성 등이 신중하지 못한 스윙으로 자칫 나무에 샤프트를 부딪쳐 샤프트를 부러뜨리거나 구부려 뜨리거나 하는 등의 생각지 못한 상황을 당한다. 어쨌든 크게 휘두르지 않고 다음의 샷을 쉽게 칠 수 있는 곳으로 탈출하도록 유의하자. 보통이 아닌 상황에 처한 것이기 때문에 침착하게 대처하는 것이 무엇보다 중요하다. 한 걸음 물러난 사고 방식의 공격법으로 일관하면 자신의 '골프의 폭' 도 커질 것이다.

목표 방향과 정 반대 쪽
으로 볼을 쳐내야 하거
나 클럽을 거꾸로 쥐고
자신의 오른쪽으로 볼을
빼내야 하는 상황도 생
길 수 있다.

클럽을 휘둘러 올릴 때
에는 나무에 맞지 않더
라도 팔로스루에서 샤프
트를 맞히는 경우가 있
으므로 충분한 주의가
필요.

안전한 지대로의 탈출을 먼저

백스윙 하려고 하는데 클럽의 뒤쪽에 나무가 서 있다면 어떻게 할 것인가. 무작정 휘두르다 보면 당연히 나무가 방해가 되어 백스윙 도중에 클럽이 딱하고 부딪쳐 버리는 경우가 있을 것이다.

이런 상황에서도 무리해서 똑바로 목표 방향으로 쳐내려고 하는 사람이 많은데 이런 시도는 그만두는 편이 좋다.

왜냐하면 백 스윙에서 클럽헤드가 부딪치는 순간 타이밍이 틀어져서 정확한 스윙을 할 수 없어져 버리기 때문이다.

이런 때는 프로나 상당히 능숙한 플레이어라도 실패할 확률이 높다. 그 실패란 말할 것도 없이 톱이나 뒤땅치기이지만 경우에 따라서는 헛스윙도 될 것이다. 이 때 적절하게 적용되는 말이 '급할수록 돌아가라'고 하는 말이다.

용이하게 칠 수 있는 방향으로 그리고 다음 타구를 치기 쉬운 포지션으로 탈출하는 것이 무엇보다도 우선이다.

이 때의 준비 자세는 볼을 오른발 쪽에 붙여주고 핸드퍼스트의 스윙 형태로 하면 된다. 스윙시 양쪽 손목을 만지작거려 돌리거나 하지 말고 양 옆구리를 단단히 조여서 작은 듯한 스윙을 한다.

그리고 팔로우스루에서는 볼 전방 30센티의 거리까지 확실히 클럽헤드를 빼내도록 한다. 또한 동시에 헤드업을 각별히 주의해야 한다. 백 스윙에서 클럽헤드나 샤프트가 나무에 닿는 것 같으면 무리해서 치지 말고 정상적으로 클럽을 휘두를 수 있는 안전한 지대로의 탈출을 먼저 생각하자.

오기로 무리해서 미스를 범하면 그곳에서만 1~2회를 더 치게돼버린다는 사실을 명심하자.

백스윙에서 클럽헤드나 샤프트가 나무
에 맞을 것 같으면 다음 타구를 치기
쉬운 곳으로 우선 탈출한다.

볼은 오른발
옆에 세트한다.

큰 스윙을 피하거나 방향을 바꿔 탈출한다

팔로스루 때에 수목이 방해가 될 때도 역시 주의해야 한다.

흔히 팔로스루 때에 수목이 방해가 되는 상황에서도 아랑곳 하지 않고 풀스윙을 하여 클럽헤드나 샤프트를 나무에 부딪쳐서 부러뜨리거나 구부러뜨리는 사람이 있다.

이런 경우에도 백스윙 때 나무가 부딪히는 경우와 마찬가지로 어쨌든 큰 스윙을 피해야 한다. 혹은 노리는 방향을 바꾸어 안전히 페어웨이로의 탈출을 생각해도 좋다.

볼의 위치는 역시 오른발 옆이다. 그리고 양손을 좌 측 대퇴부 안쪽에 놓기 대문에 핸드퍼스트의 형태가 된다. 체중은 물론 왼발에 많이 신는다. 그리고 왼쪽 그립을 특히 세게 쥔다.

백스윙에서는 별로 콕을 사용하지 않는, 거의 노콕의 느낌으로 비구선 뒤쪽으로 똑바로 휘둘러 올린다. 어쨌든 볼이 나무에 닿거나 샤프트의 줄기가 나무에 닿거나 하는 위험이 수반되기 때문에 크게 휘둘러 올리는 것은 절대로 피해야 한다.

다운 스윙에서는 우선 핸드퍼스트의 어드레스 위치로 되돌아 와서 치도록 한다. 그리고 팔로스루는 나무가 방해되므로 할 수 없기 때문에 왼쪽 그립을 특히 단단히 시켜서 임팩트에서 멈추도록 한다.

임팩트에서 클럽헤드를 멈춘다고 하기 보다도 오히려 되끌어당기는 느낌으로 쳐내는 것이다.

이렇게하면 확실히 임팩트에서 멈춘다. 욕심을 내면 샤프트를 부딪쳐 버리는 경우가 있으므로 각별히 주의한다.

볼의 위치는
오른발 옆에.

백 스윙에서 콕(cock)을 사용하지
않고 비구선 뒤로 똑바로 휘둘러 올
린다. 욕심을 내면 샤프트를 부딪쳐
서 쳐 버리는 경우가 있으므로 주의.

왼쪽 무릎을 구부리고 콤팩트하게 휘두른다

평탄한 골프 코스로 보여지는 곳이라도 다소의 오르내림 혹은 옆으로의 경사는 반드시 있기 마련이다.

산악 코스나 구릉지 코스라고 일컬어지는 곳에서는 오히려 평평한 곳이 적을 정도로 골프에서의 오르막 또는 내리막 경사지에서의 샷 은 너무나도 자주 마주치는 트러블 샷이다.

때문에 경사지에서 치는 요령을 터득해 두는 것은 반드시 필요하 다. 경사지에서 치는 경우 준비 자세가 그 슬로프에 딱 맞아야 한다. 경사지로부터 제대로 쳐 나가기 위해서는 우선 준비 자세를 확실히 몸에 익혀야 한다. 그럼 각 상황별 체크를 해보기로 하자.

우선 왼발 오르막 경사지에서의 샷이다.

왼발 오르막의 라이(업힐 라이)에서 칠 때는 볼이 스탠스의 중앙이 나 혹은 그보다도 약간 오른쪽 옆에 두도록 한다.

체중은 자연히 낮은 쪽의 오른발에 많이 실린다.

그리고 높은 쪽의 왼발은 무릎을 구부려서 안정을 꾀한다. 이와 같이 자세를 취하면 양어깨가 거의 슬로프와 평행해진다. 이 양어깨 의 자세가 자연스럽게 슬로프를 따라서 칠 수 있는 자세다. 클럽은 주먹 하나 정도로 짧게 쥐고 발판이 나쁘기 때문에 큰 스윙을 피해 콤팩트하게 휘두른다. 그리고 스윙에서 중요한 점은 하반신을 크게 움직이지 않도록 하는 것이다.

자세를 취한 허리를 그대로 안정시키고 손치기의 느낌으로 쳐 나 간다. 더우기 이 타구는 왼쪽으로 커브해서 날아가는 경향이 있다는 점을 기억하고 있어야 한다. 따라서 자세를 미리 목표의 우측 방향 으로 취해 둘 필요도 있다.

하반신을 크게 움직이지 않고 콤팩트한 스윙을
유의할 것. 높은 쪽의 왼쪽 무릎을 구부려서 준
비하면 양어깨가 슬로프와 평행해진다.
크게 휘두를 필요는 없기 때문에 그립은 짧게.

머리를 움직이지 않고 손치기의 느낌으로

경사의 라이는 어느 것이나 쉽게 칠 수 있는 것이 아니지만 특히 이 왼발 내리막의 라이(다운힐 라이)는 더욱 치기 어려운 샷 중의 하나다.

왼발 오르막의 경우와 마찬가지로 이 경우도 클럽을 짧게 쥐고 큰 스윙을 피하는 것을 우선 염두에 둔다. 반면 볼의 위치는 스탠스의 중앙 근처다. 특히 왼발 발끝 쪽에 볼을 두지 않도록 주의한다. 볼을 스탠스의 중앙에 둔다고 생각하면서도 무의식 중에 왼발 쪽으로 접근하는 경우가 있다. 볼이 왼발 쪽으로 너무 접근해 있으면 바로 앞의 사면에 클럽헤드를 부딪치거나 혹은 왼 쪽에 있는 볼을 치기 어렵기 때문에 머리가 움직여버리는 경우가 있게 된다.

클럽페이스를 오픈으로 하고 그만큼 스탠스도 약간 오픈으로 한다. 체중은 자연의 중력에 거스르지 않고 낮은 쪽의 왼발에 많이 싣는다. 그리고 높은 쪽의 오른발은 무릎을 구부려서 조절한다.

그 때 오른쪽 무릎을 구부린 후 약간 안쪽으로 접어넣듯이 하면 하반신의 자세가 한층 더 확실한 것이 된다.

백 스윙은 오픈 스탠스의 선과 평행하게 아웃사이드로 올라간다.

이 때도 하반신은 어드레스 그대로의 느낌을 유지하고 양팔로 테이크백을 취해간다. 다운 스윙도 스탠스의 방향으로 휘둘러 내린다.

마찬가지로 체중 이동이나 큰 허리의 움직임은 없이 거의 손치기의 느낌이다. 특히 머리가 움직이기 쉬우므로 딱 정지해 두도록 한다. 결국 스윙의 궤도는 아웃사이드 인이 되기 때문에 타구는 자연히 슬라이스가 된다. 그런만큼 자세를 취했을 때 목표의 왼쪽을 겨냥하도록 하자.

238

볼의 위치는 스탠스의 중앙 근처로 하
되 오픈스탠스를 취하고 클럽페이스도
오픈으로 하며 체중은 낮은 쪽의 왼발
에 많이 싣는다.
타구는 슬라이스가 되기 때문에 목표의
왼쪽 방향을 향해 자세를 취한다.

발끝 오르막의 샷.
직립하듯 서서 털어버리듯 흔든다

앞서 설명한 왼발 오르막이나 왼발 내르막 못지않게 발끝 오르막(양 발보다 높은 곳에 볼이 있는 상황)의 라이도 상당히 치기 까다로운 샷이다.

발끝 오르막의 경우에도 양발보다 높은 곳에 볼이 있기 때문에 뒤땅을 치게 되거나 톱이 나거나 하는 미스가 나 버리기 쉽다.

양 발보다 볼이 높은 곳에 있다고 하는 것은 그만큼 클럽을 짧게 쥘 필요가 있다는 것을 말한다. 볼의 위치는 양발의 중앙이나 혹은 약간 오른쪽 옆에 두면 적당하다.

발끝이 오르막으로 되어있을 때는 등 뒤가 내리막이다보니 무의식적으로 볼에 가까이 하며 앞으로 다가가려는 반응으로 자칫 구부정한 자세가 될 가능성이 있지만 너무 크라우칭 스타일(구부려진 자세)이 되어서는 곤란하다.

오히려 볼이 높은 곳에 있기 때문에 그만큼 등을 쭉 펴고 약간 직립에 가깝게 서는 것이 요령이라고 할 수 있다.

백 스윙은 다소 비구선 안 쪽으로 당기도록 한다. 아웃사이드로 휘둘러 올라가면 다운 스윙에서도 비구선의 바깥으로 내려오게 되어 헤드가 볼에 맞기 전에 높은 쪽의 지면에 부딪쳐 버리게 되기 쉽기 때문이다.

다운 스윙에서는 여느때 보다도 안쪽으로 내려오는 정도를 강하게 한다. 즉, 낮은 쪽에서 높은 쪽으로 털어버리듯 휘둘러 가는 것이다. 단, 이런 타법을 하면 타구는 훅이 될 가능성이 많아진다. 그런만큼 자세를 취했을 때에 목표를 향해 다소 오른쪽으로 스탠스를 취해 수정해 둔다는 점을 잊지 말자.

볼의 위치는 양발의 중앙.
등뼈를 펴서 직립 기미로.
비구선 안쪽으로 클럽을 끌어 당겨
낮은 쪽에서부터 높은 쪽으로 털어
내듯 휘둘러 빼낸다.

발끝 내리막의 샷.
허리를 낮추어 밸런스를 잡는다

발끝 내리막(양 발보다 아래에 볼이 있는 상황)의 샷도 어렵기로 말하자면 앞에서 설명한 다른 3종류의 라이에 결코 못지 않다.

더구나 이 라이는 균형을 잡기도 어려우므로 특히 스윙을 되도록 간결하고 샤프하게 휘둘러 빼내듯이 해주는 것이 필요하다.

이 경우도 볼의 위치는 양발의 센터나 혹은 약간 우측 옆이다.

체중은 발뒤꿈치에 많이 싣고 슬로프의 정도에 따라서 다르지만 양 무릎을 깊이 구부리고 허리를 쑥 낮추어 안정된 하반신을 만들어야만 한다.

발끝 내리막에서의 경우도 마찬가지로 클럽은 짧게 쥔다. 보통 양발보다도 낮은 곳에 볼이 있으면 무의식 중에 클럽을 길게 쥐고 싶어지는 충동이 있지만 발끝 내리막에서는 특히 균형을 무너뜨리기 쉬우므로 클럽을 짧게 쥐고 가능한 한 큰 스윙을 피하도록 한다.

스윙은 거의 손치기의 느낌으로 한다. 하반신을 안정시킨 채 축을 움직이지 않도록 휘두르기 때문에 자연히 손치기의 느낌이 되어버린다.

주의할 것은 다운스윙이다. 특히 이 때 왼쪽 무릎을 펴는 사람이 많은데 이래서는 제대로 볼을 히트시킬 수 없다. 발끝 내리막에서 샷을 할 때에는 양 무릎을 어드레스 그대로인 채의 구부린 상태에서 스윙하도록 유의하는 것이 필요하다.

아울러 이와 같은 라이로 부터 맞은 공은 슬라이스가 되는 것이 보통이다. 그런만큼 자세에 들어갈 때부터 목표의 왼쪽을 향해서 스탠스를 취하는 게 요령이다.

축을 움직이지 않고
손치기의 스윙으로

볼이 오른쪽으로 가
기 쉬우므로 목표보
다 왼쪽을 향하는 스
탠스를

체중은 발뒤꿈치에 싣고
허리를 낮춘 안정된 어드레스

볼의 라이와 턱의 높이로 클럽을 결정하라

페어웨이 벙커에는 가급적 볼을 넣지 않는 편이 좋겠지만 원하는대로만 되지는 않는 것이 골프이다.

프로인 경우라도 벙커에 볼을 넣어 버리는 경우는 아주 비일비재하게 발생하게 되기 때문에 일반 아마추어에게 페어웨이 벙커에는 절대 볼을 넣지 말라고 말한다면 무리한 요구라고 할 수 있다.

중요한 것은 페어웨이 벙커에 볼을 넣어 버렸을 때의 탈출 능력이 있느냐 없느냐의 문제이다.

그렇다면 불운하게도 페어웨이 벙커에 원하지 않는 볼을 넣어 버렸다면 어떤 점에 주의하고 어떤 작전을 세우면 좋을까?

우선 주의해야 하는 것은 볼의 라이와 전방의 턱이다.

더우기 볼이 발자국 등에 들어가 있을 때는 거리에 맞는 클럽으로의 샷은 일찌감치 단념해야 된다.

즉, 볼부터 그린까지 150미터가 남아있으므로 5번 아이언으로 치고 싶다고 생각해도 볼의 라이가 나쁘기 때문에 5번 아이언을 사용할 수 없고 피칭웨지나 샌드웨지로 확실히 그 벙커로부터 탈출하는 정도로 그치는 것이 상책이다.

그리고 다음의 샷에서 그린을 잡도록 작전을 변경해야만 한다.

볼의 라이가 좋다고 하더라도 전방의 턱이 높은 경우에도 역시 거리에 맞는 클럽은 사용할 수 없다. 이런 경우는 전방의 턱을 여유있게 넘길 수 있는 클럽을 골라 다음의 샷으로 확실히 목표(그린 등)를 잡는 것으로 마음 먹어야 한다.

어쨌든 라이가 나쁘거나 턱이 높거나 할 때 무리는 금물. 안전 제일을 생각해서 샷하는 것이 결국 스코어를 줄이는 첩경이다.

전방의 턱이 높은 경우는
그 턱을 넘길 수 있는 클럽을
손에 들것.

발자국 등에 들어가 있을 때는
거리에 맞는 클럽으로의 샷을
포기하고 무리하지 말고 탈출
만을 생각한다.

힘이 약한 사람은 롱아이언보다 페어웨이 우드를

'페어웨이 벙커에서는 우드를 사용할 수 없다'고 미리부터 단정해버리는 사람이 많지만 이것은 오해다.

페어웨이 벙커로부터 그린까지 긴 거리가 남아있는 것 같은 때 버피나 클리크를 사용하는 사람이 많다. 롱 아이언을 자신만만해 하는 사람이라면 괜찮지만 일반적으로 초보자나 중급 플레이어에서도 좀체로 롱아이언은 온전히 사용할 수 없는 것이다.

하물며 모래 위에 있는 볼을 채서 쳐야 하는 것이기 때문에 초보자에게는 이런 어려운 경우가 또 없다고 할 수도 있다. 이런 때 솔이 넓은 페어웨이 우드, 그것도 페이스의 로프트 각도가 많은 버피나 클리크로 쳐 나가면 의외로 치기 쉬운 것이다.

어째서 치기 쉬운 것일까?

그것은 이런 클럽들이 넓은 솔을 가지고 있기 때문에 모래 속으로 파고들어가지 않고 미끄러져 가주기 때문이다. 롱아이언으로는 리딩에지가 모래에 닿은 순간에 깊이 기어들어가 버리지만 페어웨이 우드의 경우는 미끄러져서 볼에 맞는다.

따라서 롱아이언보다도 훨씬 성공의 확률이 높아지는 것이다.

때문에 초보자는 물론, 특히 힘이 약한 여성 골퍼 혹은 중년 이상의 플레이어에게 있어서 페어웨이 우드는 페어웨이 벙커로부터 탈출하는 강력한 무기가 될 수 있다.

벙커라고 해도 라이(lie)가 좋고 전
방의 턱이 높지 않으면 페어웨이우
드가 강력한 무기가 된다.
넓은 솔을 가지고 있기 때문에 모
래 속으로 기어들어가지 않고 미끄
러지며 볼을 칠 수 있기 때문이다.

페어웨이 벙커에서의 샷 3
안정된 발판을 만들어 축을 움직이지 않는다

잔디 위에 다소곳이 얹혀 있는 볼이라면 다소 임팩트에서 볼에 들어가는 방법이 느슨해도 웬만하면 합격점에 이르는 타구가 된다.

그런데 페어웨이 벙커에서의 샷에서는 볼이 잔디가 아닌 모래 위에 얹혀 있는 까닭에 임팩트의 타이밍이 아주 딱 맞아들어가야만 한다. 아주 약간만 바로 앞에서부터 들어갔을 경우라도 완전한 미스가 되어 버리는 것이다. 그렇다면 이러한 미스를 유발하지 않으려면 어떻게 해야 할까. 페어웨이 벙커로부터 잘 쳐 나가기 위해서는 상당히 신중하게 샷을 해야만 하는데 자세를 취하기 전에 우선 스파이크를 단단히 자리잡아 모래에 묻어 발판을 안정시키는 것이 필요하다.

볼의 위치는 거의 스탠스의 중앙, 클럽은 발을 모래에 묻은 만큼 짧게 쥐고(콤팩트한 스윙에도 이 편이 도움이 된다).

체중은 약간 왼발에 많이 싣는다. 그리고 스윙에서 주의해야 하는 것은 몸의 중심축을 움직이지 않아야 한다는 것이다.

목덜미를 중심으로 해서 몸을 돌려서 친다. 백스윙은 보통의 페어웨이로부터 치는 경우보다 약간 작게, 즉 콤팩트한 톱에 멈춘다. 페어웨이 벙커로부터 탈출하기 위한 일념으로 자칫 자기도 모르게 큰 동작이 수반 될 가능성이 있는데 다운 스윙에서의 과장되거나 큰 니 액션(knee action)은 절대 금물, 몸의 축을 중심으로 한 회전 만으로 볼을 쳐 나가는 느낌을 되뇌이며 안정적인 스윙이 되도록 하는 데 유의한다.

페어웨이 벙커에서 칠 때는 아무래도 퍼 올려서 치려고 하는 마음이 작용하게 되지만 퍼 올려 치기로는 볼이 잘 맞지 않는다.

콤팩트한 스윙으로 확실히 볼 만을 쳐 나갈 수 있도록 집중하자.

248

페어웨이 벙커로부터 탈출하기 위한 일념으로 자칫 자기도 모르게 큰 동작이 수반 될 가능성이 있다. 다운 스윙에서의 과장되거나 큰 니 액션은 절대 금물

디보트 자국에 볼이 끼어있을 때
콤팩트한 예각 타법으로 과감히 휘두른다

굿샷을 바라는 일념으로 페어웨이의 한가운데로 정직하게 날린 볼이 디보트 홀(아이언 등에 의해 잔디가 잘려 나가서 생긴 구멍)에 푹 끼어있게 되는 경우에 가끔 부딪친다.

생각지도 않은 불운에 실망해 버리기 쉽지만 이런 경우도 역시 합리적인 타법으로 탈출을 꾀하는 것이 우선이다.

이 때의 사용 클럽은 미들 아이언부터 쇼트 아이언.

물론 볼이 기어들어가 있으면 쇼트 아이언이 사용 클럽이 된다.

준비 자세의 포인트는 볼의 위치를 스탠스의 거의 중앙이나 약간 오른발 옆으로 한다. 클럽은 짧게 쥐고 체중은 70 퍼센트 정도의 비율로 왼발에 많이 싣는다.

볼을 스탠스의 중앙이나 오른발에 가까이 대고 양손을 왼쪽 대퇴부 앞에 놓기 때문에 낮은 샷을 할 때와 마찬가지로 핸드퍼스트의 샷으로 공략해 나간다.

주의해야 하는 것은 일찌감치 콕(cock)해서 예각으로 휘둘러 올려 가는 것이다. 그리고 다운 스윙에서 또한 예각으로 휘둘러 내리고 헤드를 확실히 볼에 히트시켜서 피니시를 크게 취하지 않도록 하는 것이 요령이라고 할 수 있다. 재빨리 헤드를 휘둘러 내린 순간에 스윙을 중지해 버리는 느낌이다.

이런 종류의 샷에서는 특히 큰 스윙으로 잔디의 디보트 자국을 걷어내고자 하는 욕망이 자기도 모르게 생기게 되는데 크게 휘두르는 타법은 금물. 콤팩트한 '예각 타법'으로 헤드를 과감히 그리고 제대로 볼에 부딪쳐 나가도록 하자.

250

사용 클럽은 미들 아이
언이나 쇼트 아이언.
볼을 거의 중앙에 놓고
예각으로 휘둘러 올리
고 예각으로 휘둘러 내
린다. 피니시는 크게
취하지 않는다.

나무나 숲을 넘기려면
시선을 높은 곳으로 향하고 하이 피니시

볼이 조금 슬라이스가 됐기 때문에 오른 쪽으로 튀어 나와 있는 숲을 넘겨서 쳐야 하는 상황에 부딪치는 경우가 있다.

아니면 그린 바로 앞 쪽에 나무가 있어서 이를 꼭 넘기고 싶은 경우가 있다. 안전하게 하기 위해 옆으로 볼을 보내고 나면 공연히 한 타를 손해볼 것같은 그런 상황이다.

이런 때는 어떻게 해야 할까.

도저히 넘길 수 없는 높이의 나무만 아니라면 당연히 숲이나 나무를 넘겨서 치는 것이 스코어를 줄이는 길일 것이다. 이런 때를 위해서도 역시 높은 볼의 타법을 마스터해 두어야만 한다.

의식적으로 높은 공을 친다고 해도 그다지 어려운 것은 아니다.

핸디20 정도의 실력이라도 이론만 기억해 두면 의도적으로 높은 볼을 칠 수 있다. 사용 클럽은 미들 아이언 혹은 쇼트 아이언이 주체이다. 긴 클럽이 되면 그만큼 컨트롤이 어려워지므로 우선 미들 아이언이나 쇼트 아이언으로 할 수 있도록 몸에 익히는 것이다. 물론 이론은 긴 클럽이라도 같다.

볼의 위치는 왼쪽 발뒤꿈치의 연장선 상으로 한다. 그리고 스탠스를 취하면 시선을 넘어야 할 높이로 향한다. 그렇게 하면 높은 곳에 시선을 향했기 때문에 체중은 왼발에 있지만 상체가 오른 쪽으로 기울어진다. 이 자세가 높은 탄도 샷의 기본이다.

스윙은 이 때의 몸의 축(목덜미)을 바꾸지 않고 실시하고 피니시에서는 가능한 한 양손을 높이 털어내듯 흔드는 형태로 한다.

자신감을 갖고 절대 조급하게 서두르지 말고 여느 때의 템포로 스윙하는 점도 잊지 말자.

스탠스를 취하면 시선을 넘는 높이로 향한다. 체중은 왼발에 있지만 상체는 우측으로 기운다.

몸의 축을 바꾸지 않고 클럽을 휘두른다. 피니시는 양손을 높이 털어버리듯이 휘두르는 형태로 한다.

수목의 가지 밑을 통과하려면
핸드퍼스트 자세를 취하고 피니시는 낮게

높이 올리는 샷과 마찬가지로 의식적으로 낮게 쳐야하는 경우도 있다. 전방 수목의 밑 부분을 통과해서 친다든가 숲 속으로부터의 탈출, 맞바람 속을 쳐 나가야 하는 경우 등이 그것이다.

의식적으로 높은 공을 치는 경우와 마찬가지로 낮은 타구의 타법을 익혀 두는 것도 절대 손해보는 일은 아니다.

볼의 위치는 스탠스의 중앙보다 오른발 옆으로 한다. 그리고 클럽을 짧게 쥐고 그립을 쥔 양손이 볼보다 앞으로 나가있는 핸드퍼스트의 자세를 취한다.

당연한 얘기지만 시선은 낮은 곳을 향한다 예를 들어 수목의 가지 밑을 통과하는 것이라면 그 볼이 빠져 나가는 곳으로 향해지는 것이다. 그래서 이 때의 자세는 머리의 위치가 스탠스의 중앙보다 왼쪽에 오고 체중이 왼발에 많이 실린 상태가 되며 이것이 저탄도용 준비자세의 기본이 되는 것이다.

백 스윙은 빨리 콕을 사용하지 않고 보통으로 테이크백해가서 콤팩트한 톱에서부터 왼팔리드로 클럽을 내려오게 한다. 그리고 임팩트에서는 완전히 어드레스의 위치(핸드퍼스트)로 되돌아 와서 친다.

물론 스윙 중에는 머리의 위치(낮은 곳으로 시선을 향한 결과 스탠스의 중앙 보다 왼쪽에 위치하고 있다)를 바꾸지 않고 치는 것을 유념해야 한다.

피니시는 높은 탄도일 때와는 반대로 낮게 눌러서 멈춘다. 단, 일반적인 경향으로써 낮은 샷을 칠 때는 템포가 빨라지기 쉬우므로 마음을 느긋하게 갖고 치는 느릿한 상태의 타법 쪽이 좋은 결과가 나온다는 것을 명심하자.

시선은 낮게 볼의 위치
는 오른발 옆, 핸드퍼
스트의 자세.

콤팩트한 톱에서 왼팔
의 리드로 클럽을 휘둘
러 내린다. 피니시는
낮은 위치에서 멈춘다.

가드벙커로부터의 탈출 1
우선은 그린의 한가운데에 얹어 두자

벙커에 볼을 넣고 싶은 사람은 없다. 그러나 벙커가 그곳에 있기 때문에 운 나쁘게 들어가 버리는 경우가 있는 것이므로 이것은 어쩔 수 없는 일이다. '벙커 샷은 쉬운 것'이라고 말하려는 것은 아니다. 그렇지만 아마추어 골퍼들이 생각하는 만큼 벙커로부터 탈출하는 것이 어려운 것 만은 아니다. 아마추어 골퍼, 특히 머리를 얹기 위해 처음 필드를 찾은 초보자들은 벙커에 볼이 빠지기라도 하면 속으로 '어이쿠 큰일났다.'는 식으로 지레 겁을 먹는 경향이 있다.

하지만 프로들을 보면 벙커에 볼이 빠지든 페어웨이에 있든 그냥 익숙하게 볼을 다루는 것을 볼 수 있다. 그런만큼 벙커에 볼이 빠진다고 해서무조건 겁을 먹고 어렵게만 생각할 필요는 없다는 말이다.

그런데 만일 볼이 가드벙커(그린 옆의 벙커)에 들어가 버리면 함부로 볼 뒤의 모래를 두드려도 안 된다. 가드벙커로부터 탈출하기 위해서는 여러 가지 상황에 맞춘 타법이 있다. 우선 그 생각을 머릿속에 넣어 두는 것이다. 그리고 다음은 이것저것 고민하기 보다는 샷을 과감히 잘해내는 것이 중요하다. 우유부단이 가장 좋지 않다. '나 갈까 못나갈까' 하고 걱정하고 있으면 임팩트에서도 영향을 받아 클럽헤드가 깨끗하게 빠져 나가지 않는 경우가 많기 때문이다.

가드벙커의 샷에서 중요한 것은 어쨌든 그 벙커로부터 한 방으로 탈출하는 것이 최우선으로 되어야 한다. 따라서 프로의 흉내를 내며 어려운 곳에 서 있는 핀을 직접 노리거나 하지 말고 우선 그린 중앙으로 탈출시켜 두고 거기에서 컵을 노리고 퍼트하면 된다. 그린 중앙에 온(on)시켜 놓기만 하면 그곳에서 2퍼트로 홀아웃 하는 것은 어렵지 않다.

어려운 곳에
서 있는 핀을
무리하게
노리지 말고
그린의 센터로
탈출하는 것을
우선 생각한다

그린의 중앙에
일단 얹어 두면
2퍼트로
들어가기는
쉽다

가드벙커로부터의 탈출 2

알파벳 'A자'로 자세를 취하고
페어웨이의 3배 힘으로 친다

벙커샷 타법 이론의 제 1은 역시 준비자세다.

볼의 위치는 스탠스의 센터보다 왼발 옆 거의 왼쪽 발 뒤꿈치의 연장선 상이다. 그리고 페이스는 약간 오픈으로 취해서 목표로 향한다. 따라서 스탠스도 페이스를 오픈으로 한 만큼 오픈으로 한다.

이 3가지의 관계 즉 목표선, 스탠스의 선, 그리고 볼의 선을 연결하면 알파벳의 'A자'가 된다. 즉 벙커 샷의 자세는 'A형'이라고 기억해 두면 쉽다. 백 스윙은 양 발끝을 연결한 스탠스 선을 따라서 아웃사이드로 올려 가고 다운 스윙에서도 그 양 발끝의 선을 따라서 휘둘러 내린다.

오픈 페이스, 오픈 스탠스에서 발단하는 아웃사이드 인의 궤도 때문에 헤드는 모래 속으로 깊이 기어들어가지 않고 잽싸게 빠져 나간다. 그리고 그 때 모래의 날아 오르는 기세로 볼이 높이 올라간다.

그리고 벙커샷이라면 질색하는 사람들의 폼을 보면 대부분 치켜올리는 것을 볼 수 있다. 볼이 모래 위에 있고 그린은 높은 턱을 넘은 곳에 있기 때문에 퍼 올려서 치고 싶어지는 것이 당연하지만 치켜 올리는 것은 금물. 보통의 피치 샷과 같이 체중을 왼발에 많이 싣고 허리를 지면과 수평으로 돌려서 쳐 나가는 것이다.

이렇게 하면 스윙 궤도는 완전한 다운 스윙의 형태가 된다. 단, 페어웨이로부터의 쇼트 어프로치와 다른 점은 벙커 샷이 아웃사이드 인과 일부러 중복된 형태가 되는 것이다. 이 때문에 벙커 샷의 10미터 거리는 보통의 페어웨이에서는 30미터 정도를 치는 정도로 스윙해야 한다. 즉, 한마디로 말하자면 벙커에서의 샷은 페어웨이 때의 3배 힘으로 쳐야 한다고 하는 것, 상당히 과감한 샷을 해도 좋다.

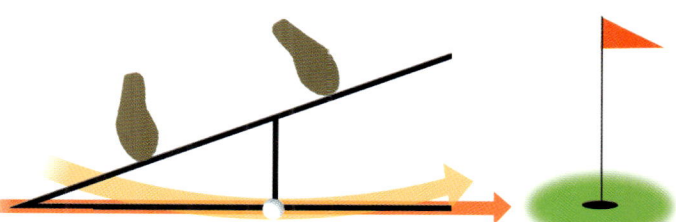

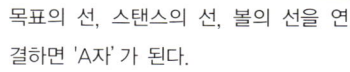

목표의 선, 스탠스의 선, 볼의 선을 연
결하면 'A자'가 된다.

모래의 폭발력으로 볼을 탈출시키기 위해
페어웨이 때의 3배 힘으로 치게 된다.

계란 노른자 샷
클럽헤드를 깊이 들어가게 한다

모래가 젖어 있을 때나 습기를 머금고 있을 때의 벙커에 위에서 '쿵' 하고 떨어진 볼은 거의 모래 속으로 기어들어가 버려서 마치 노른자가 안 터진 달걀 부침과 같이 되어 버린다.

이 때문에 벙커 안에서 모래 속으로 기어들어간 라이를 일반적으로 '계란 노른자'라고 부르고 있다. 벙커 샷을 두려워하는 사람은 매우 많지만 그 중에서도 '계란 노른자 샷'은 상당한 상급자라도 피하고 싶은 상황의 하나가 된다. 이 때의 준비 자세는 볼을 거의 스탠스의 중앙에 두고 체중을 왼발에 싣는다.

보통 라이의 좋은 벙커 샷에서는 오픈 페이스, 오픈 스탠스의 원칙에 따르지만 계란 노른자의 경우는 스퀘어 페이스나 오히려 클로즈드 페이스로 준비한다. 오픈 페이스는 모래 속으로 클럽헤드를 기어들어가게 하지 않기 위한 수단이지만 여기에서는 볼이 기어들어가 있기 때문에 클럽헤드도 그 밑을 깊이 잠수시켜야만 한다. 그 때문에 오픈 페이스가 아니고 모래로 클럽헤드를 기어들어가게 하기 쉬운 스퀘어 페이스나 클로즈드 페이스로 하라는 것이다. 백 스윙은 다소 일찌감치 콕(cock)해서 급각도로 휘둘러 올린다.

그리고 다운 스윙에서도 볼이 기어들어가 있는 뒤 쪽 모래에 잽싸게 위에서부터 쳐 넣는다. 이런 예각으로 휘둘러 내리는 스윙 때문에 헤드는 크고 높게 빠져 나가지는 못하더라도 모래 속에서는 클럽헤드를 확실히 빼 나가야 한다. 모래의 양을 많이 취하기 때문에 백 스핀은 거의 들지 않고 떨어지고 나서의 런이 많아진다.

그러나 여기서도 역시 한 번에 탈출하는 것 만을 생각하고 샷하는 것이 현명한 방법이라고 할 수 있다.

볼을 스탠스의 중앙에
놓고 클로즈드 페이스로
준비하되 모래로 클럽
헤드를 기어들어가게 하
듯 친다.

경사가 급한 왼발 오르막의 샷
헤드스피드를 빠르게 한다

페어웨이에서 샷하는 경우 적당히 업 힐(왼발 올라감)의 슬로프가 계속되고 있는 곳에서 칠 때는 비교적 쉽게 칠 수 있다.

업 힐의 경사가 볼에 정확히 접촉하는 것을 도와 주는 것이다.

그러나 경사도 정도 문제로 슬로프가 급해지면 급해질 수록 샷도 점점 어려워진다. 벙커 샷의 경우도 마찬가지다.

다소의 오르막 슬로프라면 치기 쉽지만 급경사의 오르막 지점에 볼이 있다면 제대로 핀에 접근시켜 가는 것이 매우 어려운 기술이라고 할 수 있다. 더구나 샷을 하고자 하는 지점 바로 앞에 둔덕이라도 있다면 더욱 위압감을 느낄 수밖에 없게 된다.

이같은 부담스러운 오르막 경사에서 취하는 벙커샷의 경우도 준비 자세는 볼의 위치를 제외하고 페어웨이에서의 왼발 오르막 때와 거의 같다. 볼의 위치를 스탠스의 중앙보다 약간 왼 쪽에 놓고 체중을 낮은 쪽의 오른발에 많이 싣는다. 그리고 높은 쪽의 왼발은 무릎으로 구부려서 조절한다.

이런 체중 배분과 높은 쪽의 왼쪽 무릎의 세팅으로 당연히 허리 자세는 평지의 경우와 같아진다. 백 스윙은 콕을 일찌감치 사용해서 업라이트로 휘둘러 올리고 다운 스윙에서는 마찬가지로 볼 뒤 쪽의 모래에 헤드를 쳐 넣듯이 해서 휘둘러 내린다.

단, 볼 뒤 쪽의 모래에 쳐 넣는 경우 오르막 경사가 강해지면 강해질수록 헤드스피드를 빠르게 휘둘러 나가야 한다. 헤드스피드가 모래뭉치를 이길 수 없는 스피드라면 당연히 제대로의 탈출도 어렵게 된다. 경사의 정도에 따르는 헤드스피드와 힘의 요구 정도에 따라서는 샌드웨지의 샷을 풀스윙으로 쳐 내리는 경우도 있다.

볼은 스탠스의
중앙보다 약간 왼쪽에
놓고 체중을 낮은 쪽의
오른발에 싣는다.

백스윙은 콕(cock)을 일찌감치
사용해서 업라이트로 휘둘러 올
리고 다운 스윙에서는 볼 후방
의 모래에 헤드를 쳐 넣듯이 재
빨리 휘둘러 내린다.

목덜미를 어드레스의 위치로 유지한다

업힐(왼발 오르막) 슬로프 상황의 벙커 샷도 그 슬로프의 정도가 급해지면 급해질수록 어려워지지만 다운힐(왼발 내리막) 슬로프 상황의 벙커 샷도 거기에 못지 않게 '울트라급'의 기술을 필요로 한다. 이 경우도 일반적인 사고방식으로서는 우선 일단 탈출이다.

따라서 핀의 위치에 관계없이 그린 중심을 겨냥해서 안전 위주로 일관해서 샷하는 편이 무난하다.

왼발 내리막의 벙커 샷의 기본 자세는 볼을 스탠스의 센터 혹은 아주 조금 오른발 옆에 놓고 오픈 스탠스로 준비한다. 그리고 체중을 낮은 쪽의 왼발에 거의 전부 싣고 높은 쪽의 오른발은 무릎을 구부려서 안쪽으로 접듯이 한다. 백 스윙은 아웃사이드로 클럽을 휘둘러 올리고 다운스윙에서는 완전한 아웃사이드 인의 궤도로 휘둘러 내린다.

이 경우 축의 흔들림에 특히 주의할 필요가 있다. 목덜미가 다운스윙과 동시에 왼쪽으로 움직이기 쉬운데 그것을 가만히 참고 어드레스의 위치를 유지한 채로 고정해 두는 것이다. 그리고 또 하나. 스윙 중에 하반신도 크게 움직이지 않는 것이다. 복잡하게 체중 이동이라든가 니액션 등은 생각하지 않고 어드레스 자세인 채로 손치기의 느낌으로 볼의 뒤쪽 모래에 헤드를 넣어 간다.

몇 번이나 말했지만 어쨌든 일단 탈출 만을 생각하고 샷하도록 하자. 급격한 다운힐 슬로프 상황의 벙커 샷에서 초보자가 한 번에 두 마리의 토끼를 잡는 심정으로 '멋진 탈출'과 함께 그린 위의 핀에 '근접' 시키는 것 까지를 머리 속에 그리다가는 자칫 의도하지 않은 샷으로 될 가능성도 많다는 것을 명심해 두자.

백스윙은
아웃사이드로
다운스윙에서는
인사이드로
휘둘러 내린다.

목덜미는 어드레스
위치로 유지한다

볼은 스탠스의 중앙,
혹은 아주 약간 오른발 옆에 놓고
오픈 스탠스로 준비한다.

사이드힐 라이의 벙커샷
인사이드 아웃의 타법으로 '뒤땅'을 피하라

볼이 벙커 어느 쪽인가의 사이드로 굴러 떨어졌을 때와 같은 '사이드힐 라이' 의 경사에 볼이 멈추는 경우가 있다.

이같은 사이드힐 라이에는 2종류가 있는데 그 하나는 발끝 오르막(양발 끝보다 볼이 높은 쪽에 있는 상태)이며 또 하나는 발끝 내리막(양발 끝보다 볼이 낮은 쪽에 있는 상태)의 라이다.

발끝 오르막의 라이에서 주의해야 할 것은 아마추어의 경우 모래의 양을 너무 많이 취해서 실패하는 예가 많으므로 이 점에 특히 유의해야 한다. 양발보다도 볼 쪽이 높은 곳에 있기 때문에 아무래도 클럽헤드가 볼의 훨씬 뒤 쪽에서부터 들어와 버리기 쉽다.

준비자세를 잡기 위해서는 우선 뒤땅치기를 막기 위해서 클럽을 짧게 쥔다. 그리고 볼의 위치는 스탠스의 한가운데로 한다.

이 때 주의해야 할 점은 상체를 너무 앞으로 구부려뜨리는 것이다. 상체의 전경 각(앞으로 숙인 정도)을 깊게 하는 것도 뒤땅치기의 원인이 된다. 이를 보완하기 위해서는 평평한 곳에서 자세를 취할 때보다 다소 직립에 가까운 자세로 준비한다.

백 스윙은 너무 아웃사이드를 취하지 않도록 한다. 이런 종류의 라이에서 아웃사이드 인의 스윙을 너무 강조하다보면 '반드시' 라고 해도 될만큼 모래를 너무 많이 취해 버린다. 모래를 많이 취한다는 것은 그만큼 샷의 방해를 받고있다는 뜻이 되는 것이다.

그러므로 백스윙은 약간 인사이드로 휘둘러 올리고 다운 스윙에서도 낮은 쪽의 인사이드로부터 아웃사이드 쪽으로 휘둘러 모래 속에 클럽헤드를 넣어 친다. 모래와 함께 털어 버리듯 재빨리 휘둘러 가는 느낌으로 치면 실수가 없을 것이다.

발끝 오르막의 벙커에서는 인 사이드로 휘둘러 올려서 모래 와 함께 털어버리듯이 재빨리 휘둘러 가는 느낌으로 친다.

발끝 내리막의 벙커 샷
허리를 낮춘 자세의 손치기 샷

발끝 내리막의 벙커 샷은 난이도 면에서 보면 그 어떤 것보다도 어려운 제1급의 어려운 샷이라고 해도 좋을지 모른다.

이같이 만만하지 않은 발끝 내리막의 벙커 샷의 준비자세에서 주의해야 할 것은 발끝 오르막과 마찬가지로 클럽을 짧게 쥐는 것.

볼이 양발 보다도 낮은 곳에 있는데 짧게 쥔다(?).

이 점에 의문을 품은 사람도 많을지 모르지만 길게 쥐는 것보다는 짧게 쥐는 편이 확실한 컨트롤을 얻을 수 있게 되기 때문이다.

미묘한 포인트—볼의 후방에 클럽헤드를 정확히 넣어 가야 하기 때문에 그야말로 정밀도 높은 컨트롤이 필요해지는 것이다.

그 외 어드레스에서 주의할 것은 볼의 위치와 자세이다.

볼의 위치는 스탠스의 중앙이나 약간 우측 옆. 잘못되어도 왼발 끝 쪽에는 가까이 대지 않는 것이 좋다.

너무 왼쪽에 가까이 대면 모래를 취하는 양이 많아진다든가 혹은 다운 스윙에서 몸째로 왼쪽으로 움직여 버린다든가라고 하는 우려가 생기기 쉽기 때문이다.

이와 아울러 또 한가지 주의해야 할 점은 양 무릎을 깊이 구부리고 가만히 허리를 낮추는 것.

이러한 기본적인 자세는 절대로 지킬 필요가 있다. 그리고 스윙은 특히 몸의 중심(축)을 움직이지 않는 것이다. 어드레스에서 허리를 낮춘 자세를 바꾸지 않고 스윙하는 것도 잊어서는 안 되는 포인트다. 바꿔 말하자면 손치기의 느낌으로 쳐 나가는 것이다.

이렇게 포인트를 지키면서 샷을 한다면 제아무리 어려운 샷이라도 이내 정복할 수 있게 된다.

LESSON
108

발끝 내리막의 벙커에서
는 양 무릎을 구부려서
몸의 축을 움직이지 않
도록 스윙한다.

왼발 오르막의 벙커 샷
안정된 발판을 만들어 예각적 스윙으로 탈출

업 힐(왼발 오르막)의 벙커 샷은 그 경사의 정도를 더할 때마다 어려워진다고 이미 설명했다.

그런데 이렇게 어려운 샷에 덧붙여 업힐의 장소에서 볼의 형태마저 달걀 노른자와 같이 되었다고 하면 생각만 해도 오싹하다.

하지만 벙커 내의 업 힐의 경사는 비교적 달걀 노른자의 형태가 되기 쉽다. 따라서 이러한 상황에서의 탈출법은 피할 일이 아니고 반드시 숙지하고 있어야만 한다.

왼발 오르막의 벙커 샷이 달걀 노른자의 형태가 되기 쉬운 이유는 경사면을 향해서 날아온 타구가 찌르듯이 낙하해가기 때문이다.

이와 같이 볼이 파고들어가서 '달걀 노른자'가 되었을 때도 준비 자세는 우선 '업힐 라이'의 자세를 응용한다. 즉, 볼의 위치를 스탠스의 중앙에 놓고 체중을 낮은 쪽의 오른발에 많이 싣고 높은 쪽의 왼쪽 무릎을 깊이 접어서 허리를 평탄한 곳에서 자세를 취했을 때와 마찬가지로 몸의 무게중심을 조절한다.

물론 발판이 나쁘기 때문에 양발을 모래에 다지며 파고들어가게 해서 안정시켜야 한다. 스윙은 다운블로의 형태다. 백 스윙에서 콕을 일찍감치 사용하여 예각으로 휘둘러 올리고 다운 스윙 역시 묻혀 있는 볼 뿌리에 예각적으로 휘둘러 내린다.

그리고 팔로스루에서는 왼쪽 팔꿈치를 구부리며(힘을 빼고 놓아주며) 헤드를 빼내 간다.

단, 이 샷은 어중간한 타법이 가장 좋지 않다. 샌드웨지로 거의 풋샷에 가까운 타법으로 쳐야 딱 좋을 정도다. 한 번에 탈출할 수 있으면 그야말로 대성공이라고 해도 좋을 것이다.

팔로우스루에서는 왼쪽 팔꿈치
를 구부리며 헤드를 빼 내준다.

체중을 오른발에
싣고 콕(cock)을
일찌감치 사용해서
예각으로 휘둘러
올린다.

양발이 벙커 가장자리의 잔디를 밟는 샷
발돋움에 주의하고 팔의 스윙만으로 친다

볼이 벙커에 들어가 있는데 양발은 벙커 가장자리의 잔디를 밟는다. 골프경기를 하다보면 이런 경우도 가끔 부딪친다.

양발은 잔디 위이기 때문에 확실히 단단하게 스탠스를 취할 수 있지만 볼이 벙커 속에 있기 때문에 몸의 밸런스가 잡기 어려워진다. 이러한 라이에 처해 있는 벙커샷의 경우 본질적으로는 발끝내리막의 경우와 같다.

볼을 스탠스의 중앙에 세트하고 양무릎을 깊이 접어 구부린 후 허리를 쑥 낮추고 자세를 잡는다. 이 경우에도 발끝 내리막의 경우와 같이 비록 볼은 수평보다 아래에 있어 클럽을 길게 잡고 싶은 충동이 일 수 있겠지만 정확히 클럽헤드를 넣는 포인트를 안전하게 확보하기 위해서 클럽은 다소 짧은 듯이 쥐고 친다.

스윙에서 특히 주의해 주기 바라는 것이 상하 움직임이다.

어쨌든 양 무릎을 깊이 구부리고 있기 때문에 상당히 주의하지 않으면 스윙 중에 발돋움해 버릴 우려가 있다. 다시 말해 스윙 중에 일어서 버리게 된다는 것이다.

이렇게 되면 볼의 옆구리를 두드린다든가 직접 쳐서 홈런이 되어버린다. 양 무릎을 구부리고 허리를 낮춘 어드레스의 상태를 바꾸지 않고 그대로 어깨의 회전과 팔의 스윙 만으로 샷하는 것이 포인트다. '목덜미를 올리지 않고 손치기의 요령으로 내민다' 이런 식으로 자기 자신에게 타이르면서 샷한다.

이러한 자기통제만 극복된다면 몸의 밸런스를 무너뜨리지 않고 스윙할 수 있게 되며 그렇게만 된다면 비록 쉽지않은 상태의 벙커샷이라 해도큰 실패가 되는 일은 거의 없을 것이다.

허리를 낮추는 자세로
발돋움하지 않고 스윙

목덜미를 올리지 않고
손치기로 탈출

핀이 가까운 벙커에서의 칩샷
러닝 어프로치가 효과적인 탈출법

전방에 그다지 높은 턱이 없고 핀도 비교적 가깝게 있는 경우에는 모래와 함께 쳐서 볼을 날려 올리는 '익스플로전(explosion) 샷'으로 쳐 나가는 편이 잘 되는 경우가 있다.

즉, 벙커로부터의 칩 샷이다.

이러한 상황에서 볼의 위치는 스탠스의 중앙보다 약간 오른발 옆, 그리고 양손을 좌측 대퇴부 안 쪽에 놓는다. 즉, 핸드퍼스트의 형태로 되돌아 와서 볼 만을 치는 것이다.

이같은 익스플로전 샷에서의 사용 클럽은 피칭이나 샌드웨지, 혹은 9번 아이언이 적당하다. 페이스를 뒤집어 쓴 핸드퍼스트로 치게 되기 때문에 볼은 낮게 나가고 착지한 후는 런으로 굴러가게 된다.

다시 말하자면 벙커로부터의 칩샷이란 벙커로부터의 러닝 어프로치라고 말할 수 있다. 전방에 높은 턱도 없고 더구나 핀도 가까운 곳에 서 있으면 간단히 손으로 치켜 올려서 치고 싶어지지만 이것은 실패의 원인이다.

볼이 모래 위에 얹혀 있기 때문에 사소한 뒤땅치기라도 볼은 날아가 주지 않는다. 신중하고 정확히 어드레스 자세로 되돌아 와서 친다. 이 점에는 지나치게 충분할 만큼 신경을 집중해야 한다.

웨지 혹은 9번 아이언을
씌우는 기미로 해서
굴리는 느낌으로 탈출을 시도

볼이 러프 위에 떠 있는 경우의 샷
클럽을 치켜올려 볼과 잔디를 함께 후려친다

그린 주위의 러프에서 볼이 긴 잔디 위에 달랑 떠 있는 경우가 있다. 이런 때야말로 주의해야 한다.

왜냐하면 아무 생각없이 그냥 보통으로 쳐 나가면 자칫 헤드가 볼의 밑을 살짝 스쳐지나가버려 볼이 페이스를 스쳐 넘어가며 클럽헤드의 뒤로 떨어질 우려가 많기 때문이다.

이렇게 되면 한마디로 맥빠지는 상황이 연출되는 것이다.

클럽헤드를 기어들어가게 하는 것은 물론 로프트 각도가 적은 클럽일 경우보다는 로프트 각도가 많은 클럽을 사용할 때다. 볼을 굴리는 상황이라면 6, 7, 8번 아이언 등을 사용하면 되겠지만 핀이 가까울 때는 볼을 높이 올려서 멈추게 하는 것이 더 좋으므로 이러한 상황에서의 사용 클럽은 높은 탄도를 위해 피칭이나 샌드웨지를 사용한다.

그럼 준비 자세를 알아보기로 하자. 굴릴 때는 볼을 오른발 옆에 놓고 핸드퍼스트로 준비자세를 취한다.

하지만 높이 올리는 피치샷으로 쳐 나갈 때는 왼쪽 발 뒤꿈치의 연장선이나 그것보다 아주 조금만 더 왼쪽에 가까이에 댄다.

그린 에지로부터의 샷이기 때문에 클럽을 짧게 쥐면 되겠지만 이 때 기분상으로 약간 클럽을 치켜 올라가듯이 하면 만전을 기하는 것이 된다. 그 치켜 올라가 있는 자세가 헤드를 잔디 속으로 쳐 넣게 하는 것을 막는다. 헤드를 볼에 부딪히게 하는게 아니라 느린 모션으로 볼과 잔디를 함께 후려쳐 나가듯이 치는 것이다.

이렇게 하면 볼은 그다지 멀리로 날지 않고 두둥실 날아 올라서 쿵하고 그린 위에 떨어져 멈춰준다.

YES

NO

헤드를 잔디 속에 쳐
넣는 것이 아니고 볼
과 잔디를 함께 후려
치도록 한다.
어드레스에서 클럽을
치켜 올라가도록 해
두면 잘 된다.

그린 주변 러프에서의 샷
셧 페이스로 볼의 하부에

그린 에지에 가까운 통로나 잔디가 짧게 깎여 있는 곳에서라면 비교적 파(par)를 취하기 쉬울 수 있다. 그러나 러프 속에서는 상당히 주의하지 않으면 뒤땅을 치게 되거나 톱이 나거나 해서 순식간에 3~4개의 스트로크를 허망하게 날려버릴 수도 있게 된다.

이런 그린 주변 러프에서의 샷은 벙커 샷으로 말하자면 달걀 노른자의 라이와 같다. 달걀 노른자의 경우는 기어들어가 있는 볼 밑의 모래에 헤드를 넣어 가야 한다는 점을 앞에서 설명했다.

그린 주변의 러프 속에 볼이 기어들어가 있는 경우도 마찬가지다. 볼 밑으로 헤드를 통과시켜야 하는 것이다.

클럽은 샌드나 피칭웨지를 사용한다.

이 때의 준비 자세는 달걀 노른자의 샷과 마찬가지로 볼의 위치를 스탠스의 중앙보다 오른발 옆으로 하고 체중을 왼발에 싣는 핸드퍼스트의 형태를 취해야 한다.

그린 에지로부터 치는 것이기 때문에 클럽을 물론 짧게 쥔다. 다만 잔디의 저항을 생각해서 다소 강한 듯 쥐어 주는 것이 요령이라고 할 수 있다.

스윙은 셧 페이스(shut face, 클럽의 면이 닫힌 상태, 클로즈드)인 채 천천히 휘둘러 올리고 볼의 하부에 딱하고 휘둘러 내려서 반드시 헤드를 빼내도록 하는 것에 유의한다.

이렇게 하면 볼은 걱정했던 것을 잊게 해 줄만큼 깨끗하게 러프 속에서 탈출하게 된다. 이같은 러프로부터의 타법을 알아 두면 상황에 부딪쳤을 때 의연하게 대처할 수 있게 되는 것은 물론 스코어 상으로도 상당히 달라질 수가 있다.

278

볼을 오른발 옆에 놓고 핸드퍼스트의 자세에서 볼 하부로 헤드를 내린다. 벙커에서의 달걀 노른자 샷 요령으로 친다.

특히 겨울철에는 말라죽은 러프가 더욱 억세져 러프샷을 미스하기 쉬우므로 주의해야 한다.

베어그라운드의 샷
로프트가 적은 클럽으로 굴려나간다

그린 주변에서 특히 주의해야 하는 경우는 잔디가 없고 지면이 노출되어 있는 곳, 즉 베어그라운드(bare ground)의 샷이다.

이렇게 잔디가 없고 지면이 노출되어 있는 곳에서는 전방이 경사로 되어 있거나 혹은 핀이 가까운 곳에 있더라도 볼을 높이 올려서 핀에 가까이 대려고 하다가는 자칫 '맨땅에 헤딩' 하는 낭패를 겪을 수가 있으므로 절대로 무리하지 말고 로프트가 적은 아이언을 선택해서 철저하게 굴리기 작전을 취하는 것이 상책이다.

그것도 5, 6번 아이언 정도의 퍼터에 가까운 클럽, 혹은 과감히 퍼터 그 자체를 선택해서 공격해 나가는 것도 한 방법이라고 할 수 있다. 로프트가 적으면 그만큼 미스도 적어지기 때문이다.

이 때의 준비자세는 클럽을 짧게 쥐고 볼을 오른발 옆에 두는, 핸드퍼스트의 어드레스를 취한다. 그리고 백 스윙에서는 셧 페이스인 채 테이크백하고 임팩트일 때는 반드시 어드레스의 위치(핸드퍼스트의 형태)로 되돌아 와서 쳐 나간다.

팔로스루를 크게 그리고 길게 취하려고 하지 말고 볼을 친 직후에 페이스를 목표로 향한 채(손목을 뒤집지 않는다) 피니시한다. 5, 6번 아이언에 의한 굴리기에서도 퍼팅일 때와 같이 양 팔과 양 어깨로 생기는 '5각형'을 유지해서 스윙하는 것이 하나의 방법이다. 다시 한번 강조하지만 베어그라운드에서는 철저하게 굴려 나가는 작전을 취해 갈 것.

그렇게 하면 큰 미스를 하는 것만은 막을 수 있다. 셧 페이스인 채 스윙하고 퍼터에 가까운 클럽을 쥐면 미스도 적어진다는 사실을 다시 한번 명심하자.

셧 페이스인 채 스윙.
퍼터에 가까운 클럽을 쥐면
미스도 적어진다.

계곡 바닥에서의 샷
시선을 높은 그린으로 향하고 볏단을 자르듯이

골프의 샷은 일생을 쳐도 같은 장소에서의 샷을 단 한번도 만나지 못할 정도로 다양하고 광범위하다고 할 수 있다. 이번에는 높은 곳에 위치한 그린을 공략해야 하는 경우를 생각해 보기로 하자. 계곡의 바닥과 같은 곳에서 저 위에 높게있는 받침대 모양으로 된 그린으로 쳐 올려 가야하는 경우가 있다.

산악 코스 등에서 그린을 노린 샷을 잘못쳐서 옆으로 비껴나갔을 때 등 흔히 이런 상황에 부딪치게 될수 있는 것이다.

이런 상황에서는 우선 시선을 높은 그린 쪽으로 향한다.

이 때 체중은 왼발에 싣고 있어도 상체는 약간 오른 쪽으로 기울어져 있는 것이 자연스러운 상태이다. 이것을 준비 자세에 응용한다. 이러한 곳에서의 사용 클럽은 피칭웨지나 샌드웨지로 하고 볼은 왼발 뒤꿈치의 연장선 상에 있게 한다. 그린의 높이에 따라서도 다르게 되겠지만 일반적으로는 페이스를 약간 오픈으로하고 거기에 맞추어 스탠스도 오픈으로 한다.

백 스윙에서는 보통 샷일 때보다는 일찌감치 콕을 시작하는 것이 좋을 것이다. 특히 임팩트에서는 검도로 볏단을 자르는 느낌으로 크게 그리고 깔끔하게 털어내듯 휘둘러 간다.

기분 상으로는 양 손을 높은 그린과 같은 높이가 되게 한다는 느낌으로 높이 올리고 피니시해 간다.

단, 이 샷에서 주의해야 하는 것은 템포다.

성급한 샷을 하면 마운드의 산허리에 타구를 부딪쳐 버리게 될 가능성이 있다. 리듬을 연상하며 천천히 크게 스윙하는 것이 두둥실 높이 올리는 요령이다.

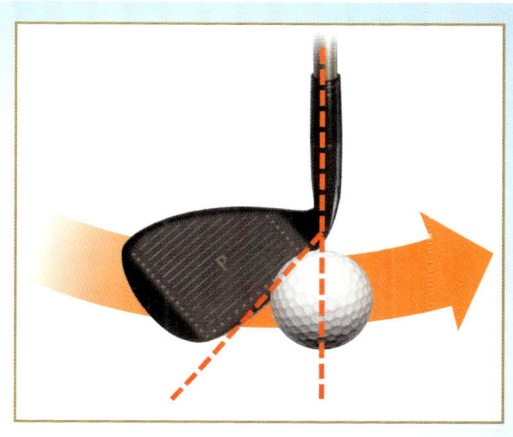

시선을 높이, 체중은
왼발에 실은 채 상체
를 오른쪽으로 기울
인다.
일찌감치 콕(cock)을
하고 큰 피니시를 유
의한다.

높은 곳에서 낮은 곳으로의 샷

헤드업에 주의하며
경사면을 따라 팔로우스루를 취한다

이번에는 반대로 높은 곳에서 낮은 곳에 있는 그린으로 공략하는 방법, 즉 쳐 내리게 되는 상황에 대해 알아기로 하자.

먼저 준비 자세인데 클럽을 짧게 쥐고 볼을 오른발 쪽에 둔다. 그리고 당연한 얘기지만 자세를 취했을 때에 시선을 낮은 곳에 있는 볼의 낙하점으로 향한다.

시선을 낮은 곳으로 향하면 체중은 낮은 쪽의 왼발이 많이 실리게 되는 것이 바른 자세이다. 절대 높은 탄도의 볼을 칠 때와 같이 등뼈를 오른 쪽으로 기울여서는 안 된다. 이런 준비 자세는 퍼 올려 치기의 자세로 임팩트 때, 볼을 치기도 전에 볼 후방의 지면을 두들겨 버린다. 체중을 낮은 쪽의 왼발에 많이 실으면 오른발이 무릎은 구부리고 허리 높이를 좌우 같은 높이로 세트되도록 한다.

백 스윙에서는 일찌감치 콕해서 클럽을 휘둘러 올리고 다운 스윙에서는 볼 하부에 다운블로 기미로 휘둘러 내리고 그대로 경사면을 따라서 헤드를 휘둘러 빼내 간다.

이러한 샷에서는 친 후 아무래도 타구의 행방을 보고 싶어져서 빨리 얼굴이 올라가는 경향이 있다. 이것이 실패의 최대 원인이다. 빨리 얼굴을 들지 않도록 주의한다.

쳐 내리게 되는 상황에서는 거리감을 맞추기가 상당히 어렵다. 즉, 생각보다 볼이 멀리 날아가 버리는 경우가 많기 때문에 평탄한 때보다 클럽의 선봉을 떨어뜨리는 것이 필요하다.

그린이 좀 더 가까이 있다고 생각하고 짧은 듯이 바로 앞에서부터 그린에 얹어 가는 방법을 취하는 것이 이러한 상황에서의 성공 포인트라고 할 수 있다.

벙커 가장자리 러프에서의 샷
스퀘어한 세트업으로 볼의 하부에 쳐 넣는다

당연히 벙커에 들어가리라고 생각했던 볼이 벙커 가장자리의 러프에 멈춰 버리는 경우도 흔히 보게 되는 상황이다. 이 때 벙커에 들어가기 전에 볼이 러프에 멈춘 상태라고 하면 왼발이 벙커 속 오른발이 러프인 상태가 되기 때문에 이러한 준비자세가 밸런스를 맞추는 자세로 특히 이런 상황에서는 준비 자세가 포인트가 된다.

체중을 낮은 쪽의 왼발에 많이 싣고 높은 쪽의 오른발은 무릎을 구부려 가볍게 안 쪽으로 넣도록 해서 준비하는 것이 필요하다.

클럽은 로프트가 많은 것을 사용하지만 잊어서는 안 되는 점은 그립을 좁혀서 짧게 쥐는 것이다. 이런 경우에서 클럽페이스를 벌리고 오픈 스탠스를 취하는 사람이 있는데 이것은 잘못이다. 클럽 페이스를 벌리면 임팩트 때 볼 밑을 헤드가 통과해서 볼이 잘 날아가 주지 않는다. 이 때는 스퀘어 페이스가 기본 자세이다. 스퀘어 스탠스의 자세를 취하고 위에서부터 급각도로 볼 하부에 쳐넣는다. 즉, 볼이 벙커에 있다고 생각하고 모래 속으로 들어가 있는 만큼을 떠낸다는 요령으로 스윙하는 것이다. 벙커 샷과 같다고 생각하면 된다. 하지만 팔로우스루에서는 퍼올리는 스윙이 되지 않게 해야 한다.

임팩트 때 급각도로 쳐 넣어야 하는 이런 라이에서의 샷은 올리는 동작도 자칫 퍼 올리는 타법이 되기 쉽지만 그보다는 반대로 낮게 쳐 내가는 쪽이 미스가 적다. 어려운 상황인 것만은 분명하지만 타법만 틀리지 않으면 어렵지 않게 성공할 것이다. 하지만 이와는 반대의 상황 즉, 볼이 벙커를 지나는 위치의 가장자리 러프에 멈췄다면 급각도의 샷이 뒤땅을 칠 수 있으므로 이 때는 반대되는 발의 자세에 유의하며 경사면을 보아가며 반대의 샷을 해야 한다.

스퀘어 페이스,
스퀘어 스탠스로
위에서부터
급각도로 쳐넣는다.
벙커 샷과 같다고
생각하면 된다.

볼이 벙커를 지나서 벙커 가장자리의 러
프에 멈췄다면 급각도의 샷이 뒤땅을 칠
수 있으므로 이 때는 벙커를 없다고 생각
하고 반대의 샷을 한다.

제 3 장

실전을 위한 응용기술

팔은 수직으로 내리고 오른 쪽 어깨를 낮춘다

실전에서의 첫 타는 매우 중요하다. 마음의 평정심을 찾는데 익숙한 프로골퍼와 달리 아마추어 특히 초보자에게는 첫 타의 성패 여부가 자칫 그날의 경기 전체를 좌우할 수도 있게 된다. 라운드 전 어드레스 (address)의 체크 포인트를 다시 한점 점검하자.

1. 상체의 전경(前傾, 앞으로 구부린 자세)은 양다리죽지부터 구부려서 등줄기를 편다. 머리를 숙이지 않도록 주의.

2. 무릎은 가볍게 구부림으로써 머리와 엉덩이로 앞뒤의 균형을 잡고 웨이트가 양다리의 중앙에 오도록 한다.

3. 양팔중 왼팔은 릴랙스한 상태에서 어깨부터 늘어뜨리되 앞으로 내밀지 말 것. 오른팔도 늘어뜨리지만 팔꿈치를 조금 구부려서 오른쪽 허리를 가리키도록 한다. 이 때 오른쪽 옆구리를 자연스럽게 조르고 가볍게 가슴을 누르는 감각이 생긴다.

4. 오른쪽 어깨는 왼쪽 어깨보다 조금 낮아진다.

이 때 오른쪽 어깨가 앞으로 나와 자칫 왼쪽 어깨를 벌리게 되지 않도록 주의한다.

5. 등뼈는 오른쪽 어깨를 조금 내리는 자세이기 때문에 약 5도 오른쪽으로 기울어지게 된다.

6. 오른발은 비구선에 대해서 직각으로 한다. 왼발은 발 끝을 10~15도 왼쪽으로 벌린다.

7. 한 쪽에 체중을 싣지 말고 좌우균등하게 체중을 배분할 것.

8. 머리의 위치는 볼에서 약간 오른쪽으로 세트한다. 스윙의 로우 포인트가 오른쪽 어깻죽지와 정면으로 대하는 전방이므로 이를 염두에 둔 자세를 취한다. 다 알고 있더라도 다시 한번 점검하자.

양팔은 아래로 늘어뜨리
지만 앞으로 내미는 것은
아니다. 왼쪽 어깨보다
오른쪽 어깨가 다소 낮아
지는 자세를 취한다.

초보자의 연습 메뉴
기본형의 반복으로 170야드 날면 OK

초보자가 해야 할 일은 베이직 스윙(basic swing)의 반복이다.

따라서 미들 볼로 2온을 할 수 없을지도 모르고 경사지에서 응용 샷이 나오게 되면 소화 못할 수도 있으므로 스코어가 나쁜 것도 부득이하다.

그러나 평탄한 장소에서, 예를 들면 드라이버 샷이 170야드 나는 스윙이라면 가능하다. 앞에서도 말했지만 초보자에게 있어 이 정도면 무난하며 바람직하고 숙달도 빨라진다.

그런데 힘껏 클럽을 휘두르는 사람, 볼에 맞히는 일로 머리가 가득한 사람, 베스트 샷(best shot)을 찾는 사람은 '초보 상태'를 졸업하는 데 시간이 많이 걸린다. 이 때 연습 방법이 틀리면 나중에 더욱 고생한다.

평균 수명이 대폭 늘어나기 때문에 골프를 즐기는 시간도 크게 늘어나고 있다. 오래도록 즐거운 골프를 하고 싶으면 올바른 연습 메뉴를 짜는 것이 좋으며 초보자가 베스트 샷 만을 찾아서는 안 된다.

초보자는 스윙을 형성하는 시기이므로 이를 위해 스윙을 습득해야 하는 3가지의 기본적 메커니즘을 밟는 연습을 반복하는 것이 중요하다.

1. 클럽을 플레인(면) 위에서 스윙함으로서 반복성이 생긴다.

2. 정확하게 세트업해서 볼을 칠 것. 이로 인해 거리와 정확성에 필요한 스퀘어는 제대로 된 임팩트를 얻을 수 있게 한다.

3. 회전 동작으로 클럽을 움직인다.

이로 인해 스윙의 방향과 스피드(즉 파워)가 생긴다.

똑바로, 가능한 한 멀리(far and share)는 차후 목표. 이것을 초보자 단계에서 찾으려고 하기 때문에 앞에서 말한 기본에서 벗어난 몸의 사용법을 취해 버린다. 속담에 '급할수록 돌아가라'는 말이 있듯 단계를 밟아서 연습하는 것이 오히려 싱글로 가는 지름길이다.

170y

애버리지 골퍼의 연습 메뉴
공줄기와 스윙의 습관을 파악해 둔다

애버리지 골퍼가 라운드를 대비하여 연습할 경우에는
1. 자신의 비구선을 터득한다.
2. 자신의 스윙 습관을 안다.
이 두 가지의 테마를 반드시 목적 의식을 가지고 볼을 칠 필요가 있다.

요즘에는 자동 티업(tee up)기로 연습하는 경우가 대부분이기 때문에 한 장소에서 거의 움직이지 않고 많은 볼을 칠 수 있다. 하지만 자칫 단순히 그냥 치고, 좋았다거나 나빴다고 하는 기분 상의 연습이 되기 쉽다.

연습의 목적은 당연히 실전을 대비하는 것이므로 연습의 각 항을 참조해주기 바라지만 초보자와 달리 애버리지 클래스의 사람은 아마도 오른쪽으로도 왼쪽으로도 날릴 것이다. 예를 들어 여느 때의 템포로 스윙하면 슬라이스(slice)하지만 때로 왼쪽으로 당기는 기미의 미스도 나온다고 하는 타입 등, 자신의 비구선과 버릇을 아는 것은 어떤 스윙궤도로 되는지를 확인하고 이에 대처할 방법도 강구하라는 말이다.

때로 당김이나 밀어냄의 현상이 나타나는 것은 아웃사이드 인의 궤도로 생각지 않은 힘이 들어갔을 경우에 그렇게 된다고 하는 경향을 파악해둔다. 슬라이스를 상정하고 왼쪽을 향해 쳤더니 의외로 왼쪽으로 똑바로 날아가 버린다고 하는 미스가 나오지 않도록 한다. 슬라이스가 너무 걸린 것은 용서되는 미스이지만 의도와는 정반대 방향으로 날면 용서 되지 않는 미스가 되어 스코어를 크게 무너뜨리는 원인이 된다. 자신의 버릇을 알아 두면 볼의 왼쪽 사이드가 위험한 경우에 힘을 주지 않고 스윙하는 대책을 세울 수 있다. 또 하나는 어프로치(approch)로 이 역시 스코어 메이크에서 빼 놓을 수 없는 사항이므로 손목을 사용하지 않고 어깨와 양팔의 삼각형을 유지하는 기본개념을 유지해 두면 좋다.

294

자신의 비구선과 버
릇을 아는 것은 어떤
스윙궤도로 되는지를
확인하고 이에 대처
할 방법도 강구한다
는 뜻

LESSON

120

좌우의 나눠치기와 3종류의 어프로치

로핸디 골퍼는 다음 두 가지를 연습의 테마로 삼는다.

1. 볼을 구부리는 매커니즘을 알고 실험을 한다.

2. 1개의 클럽으로 3종류의 어프로치를 할 수 있도록 한다.

프로골퍼는 시합에 임했을 때에 연습 라운드에서 여러가지 실험을 하며 이에 대비하는 전략을 짜고 있다. 그런데 대개의 아마추어 골퍼에게는 연습 라운드가 없다. 모든 게임이 실전인 것이다.

따라서 플레이를 당장 눈 앞에 둔 연습에서는 프로의 연습 라운드에 가까운 메뉴를 해 두어야만 실질적인 도움이 될 수 있다.

우선 볼을 구부리는 실험이란 인텐셔널 훅(intentional hook; 고의적인 훅) 또는 슬라이스를 해보라는 것이다. 볼을 구부려서 공격하기 위해서는 훅과 슬라이의 양 쪽이 요구된다. 여러 가지 볼과 슬라이스로 공격하는 연습을 해 둘 것.

아울러 어프로치야말로 기술을 발휘할 시점이기 때문에 실력 발휘는 많을 수록 좋다. 그러기 위해서는 1개의 클럽으로 3종류의 어프로치를 할 수 있도록 해 두는 방법도 도움이 된다. 예를 들어 피칭 웨지(pitching wedge)라면 로프트(loft) 대로 올리는 공, 의도적으로 낮게 쳐내는 공, 이와는 반대로 높이 올리는 공의 3종류다.

어프로치가 능숙한 프로는 1개의 클럽 만으로도 7가지의 샷을 한다. 예를 들면 낮은 타구로 멈추는 방법, 혹은 볼을 올린다고 해도 볼을 끊듯이 해서 스핀을 거는 타법과 스핀을 걸지 않고 멈추는 방법 등이 있다. 아마추어 골퍼에게 그 정도로까지 요구할 수 없지만 그래도 로핸디 골퍼쯤 되면 1개의 클럽으로 3가지 패턴의 어프로치 정도는 익혀 두는 것이 스코어 향상에 도움이 될 것이다.

구부러짐의 체크

3종류의 어프로치

미들 아이언의 활용
페어웨이의 주역은 5번 아이언

미들 아이언은 '페어웨이의 주역'이라고 일컬어지는 클럽이다.

즉, 실전 코스에서는 미들 아이언이 그만큼 등장 횟수가 많고 중요한 역할을 한다는 말이다. 일반 아마추어의 경우 5번 아이언의 사정 거리는 130에서 140미터 정도라고 보면 된다.

미들 아이언은 궁극적으로 그린을 노리는 클럽이지만 트러블 샷 등에도 이용되는 경우가 자주 있다.

예를 들면 러프(볼이 약간 가라앉아 있는 정도)로부터의 샷, 디봇 흔적이나 잔디가 없는 곳으로부터의 샷, 숲속으로부터의 리커버리 샷(recovery shot), 페어웨이 벙커(fairway bunker)로부터의 탈출 등이라고 하는 가지가지의 상황에서 미들아이언의 활용도는 매우 크다.

이처럼 미들 아이언의 '공격 범위'는 상당히 광범위하게 걸쳐 있다.

따라서 미들 아이언에 익숙해 있는 사람은 라운드를 매우 유리하게 전개할 수 있다는 뜻이기도 하다.

미들 아이언은 롱 아이언에 비해 다루기가 쉽다고 여길 수도 있겠지만 그 사용범위가 광범위하기 때문에 그만큼 각각의 다른 상황에 대비하는 사용법을 익히려면 많은 노력을 필요로 한다. 연장 상황에서는 물론 라운드 전의 연습에서도 5번 아이언을 중심으로 한 미들 아이언의 연습을 빼 놓을 수 없다.

어쨌든 부단한 연습에 의해 이 5번 아이언 중심의 미들 아이언을 자신이 가장 자신 있어하는 클럽으로 할 필요가 있다는 얘기다.

미들 아이언이 자신이 가장 자신있는 클럽이 되면 스코어 메이크 상에서도 상당히 유리한 것은 물론 점진적으로 4번이나 3번 등의 롱아이언도 잘 구사할 수 있게 된다.

숲 속으로부터, 러프로부터
그리고 벙커로부터, 페어웨
이로부터의 샷 뿐만 아니라
5번 아이언의 수비 범위는
상당히 광범위하다.

준비 자세도 드라이버와 쇼트 아이언의 중간

5번 아이언은 모든 클럽의 중심 역할을 하는 클럽답게 어드레스 즉, 준비 자세도 드라이버와 쇼트 아이언의 딱 중간 자세를 취한다.

드라이브샷을 할 때의 스탠스를 취한 후 왼발을 그대로 고정하고 오른발을 그대로 왼쪽으로 붙여 오면 목덜미가 점점 왼쪽으로 움직여서 쇼트 아이언 정도의 폭이 되면 목덜미는 스탠스의 중앙보다 상당히 왼쪽으로 이동하는 것을 느낄 수 있다.

5번 아이언에서는 목덜미가 오른쪽에서 왼쪽으로 이동하는 중간점, 즉 스탠스의 한가운데에 있다. 이것은 체중이 양발에 균등하게 실려 있다는 의미이다. 즉, 스탠스도 드라이버와 쇼트 아이언의 중간 넓이, 그리고 볼의 위치도 왼쪽 발뒤꿈치의 연장선보다도 볼 1개 반 정도 오른쪽으로 접근한 지점이다.

이처럼 5번 아이언은 실제로 클럽의 설계상 모든 클럽의 중간적 요소를 가지고 있는 것과 아울러 기술적인 면에서도 거의 중간적인 자세를 하고 있는 점에 주목해 주기 바란다.

드라이버와 쇼트 아이언의 자세 중간에 있는 것이 5번 아이언 -.

이와 같이 생각하면 미들 아이언으로 퍼 올려서 치려고 하거나 혹은 필요 이상으로 위에서부터 두들기는 듯한 잘못은 범하지 않아도 될 것이다. 실제로 스윙을 해 보면 준비 자세 하나로 나이스 샷도 미스 샷도 생긴다고 해도 과언이 아니다. 그러므로 이 준비자세를 정확히 하는 것 역시 스코어 메이크의 한 방법이다.

이러한 설명으로도 5번 아이언의 준비자세를 모르겠다고 한다면 복잡하게 생각할 필요 없이 그냥 '드라이버와 쇼트 아이언의 딱 중간 자세'라고 쉽게 생각해도 좋을 것이다.

5번 아이언은 스탠스의 한 가운데에 목덜미
가 있게 하며 체중은 양발 균등하게

쇼트 아이언에서는
거의 7할이
왼 발에

드라이버에서의
웨이트 배분은
왼발4,
오른발6의 비율

임팩트의 환상!?
'펀치'를 가하는 것은 물리적으로 불가능

코스에서도 연습할 때에도 임팩트를 생각해서는 안된다. 왜냐하면 임팩트라고 하는 것은 인간의 능력을 초월한 세계이기 때문이다.

임팩트의 시간은 불과 1,200분~1,500분의 1초 사이. 이것을 최대 100분의 1초를 감지하는 것이 한계인 인간이 그 타이밍을 잡아내려고 한다는 것은 현실적으로 불가능하다. 예를 들면 임팩트에서 의식적인 펀치를 가하려고 해도 인간의 최대의식 15배 이상의 스피드로 스윙은 이루어지고 있다. 따라서 실제로 임팩트에서 펀치를 가할 수 있었는지 어떤지는 매우 의심스럽다. 백스윙부터 임팩트에서 펀치를 가할 준비를 한다고 해도 이것은 불필요한 힘주기로 이어진다. 극히 우연히 얼마 간의 박자로 나는 경우는 있어도 거의 상체에 힘이 들어가서 미스가 된다.

임팩트를 신경쓰고 있어도 눈깜짝할 사이의 사건이라고 하는 사실을 몸이 알고 있기 때문에 맞히려고 하면 오히려 헤드 스피드가 떨어진다. 어쨌든 임팩트를 생각하고 있으면 골프가 되지 않는다. 때문에 비구선을 이미지하고 피니시를 향해 스윙하는 도중에 임팩트가 있다고 생각해야 한다. 특히 코스에 나가면 거침없이 클럽의 스윙에 전념한다. 그렇게 하면 몸의 큰 근육으로 스윙할 수 있다.

로봇머신이 아닌 한 완벽한 샷을 바랄 수는 없기 때문에 크건 작건 걱정거리나 불안은 안고 있기 마련이다. 상황에 따라서는 두려움이 앞서는 홀도 있다. 걱정한다고 해도 아무 소용 없다. 볼을 쳐서 진행시켜야 하기 때문에 조금이라도 성공의 확률이 높아지는 사고로 바꾸는 것이 상책이다.

이제 임팩트를 신경쓰는 비현실적인 사고는 그만두고 피니시를 이미지하고 휘두른다. 이것이 치명적인 미스를 막는 특효약이다.

임팩트의 시간은 불과 1,200분
~1,500분의 1초 사이로 인간
의 감지 한계를 벗어난다.

　어쩔 수 없는 다소의 미스는 인정하고 다음 샷을 생각한다.
　불안이 앞서서 가장 중요한 플레이의 리듬, 세트업의 의식화, 비구선
의 이미지를 잊는 일이 없도록 하는 것이다.

연못 넘기기를 기피하는 의식을 극복하는 방법
연못에 눈이 가면 볼도 연못에 빨려 들어간다

연못이 있으면 지레 겁을 먹고 '포기' 하는 사람이 있다.

연못을 향한 샷에 겁을 먹고 있는 나머지 '내가 어떻게 쳐도 반드시 연못으로 들어가 버릴 거야' 라고 말하는 사람은 이미 자기암시에 걸려 있어 결과도 그에 상응하게 나타나기 마련이다.

이런 부류의 골퍼는 눈이 어디로 가 있느냐 하면 반드시 연못가를 보고 있기 마련이다.

예전에 한 골프잡지사에서 연못을 넘기는 샷을 할 경우 실력자와 초보자의 시선이 어디를 보고 있을까에 대한 실험을 한 적이 있다.

실력자는 자신이 쳐 나갈 방향으로 밖에 시선을 두지 않는다.

이에 반해 초보자는 연못가부터 그린의 양사이드까지 눈이 어지럽게 시선이 움직이는 것이 확인되었다. 연못에 빠질 것을 걱정하며 불안감이 앞서고 있는 것이다. 마치 무엇에라도 홀린 듯, 매혹당한 듯이 연못에 넋을 잃게 된다. 물론 볼이 연못에 빠져버리는 것도 시선이 원인이다.

이런 골퍼라면 '눈이 가는 곳에 볼도 간다' 고 하는 점을 명심해 둘 필요가 있다. 어드레스를 하고 목표를 볼때 반드시 볼의 낙하지점 만을 볼 것. 연못가를 의식하고 그곳을 봐 버리면 자기도 모르게 그곳이 목표가 되어 버린다. 따라서 볼을 티 업하고 뒤 쪽에서 비구선을 확인할 때 공줄기를 이미지해야 한다. 공줄기를 이미지함으로써 시선이 볼의 낙하지점으로 가게 된다. 어드레스하면 연못은 없는 것으로 무시하고 볼의 낙하지점만 보도록 한다.

슬라이스 또는 훅으로 '저기로 쳤다' 라고 하는 적극적인 사고를 할 것. 설혹 결과가 잘못되는 한이 있어도 절대로 치기 전에 '연못이 있으면 난 안돼' 라는 부정적인 의식을 하지 말것.

NO

의식의 조준을 그
린 안 쪽으로 좁히
고 친다.

완전히 칠 수 없는 퍼트의 원인
시선을 컵 맞은 쪽으로 맞춘다

라인에는 올라갔지만 컵에 미치지 못하고 컵 바로 전방에서 멈춰버려 아쉬운 생각을 떨칠 수 없게 되는 경우가 종종 있다.

롱퍼트(long putt)라고 할 지라도 어쨌든 10m 이내의 퍼트인데 어째서 미치지 못하게 되는 것일까? 이 원인은 다름아닌 시선에 있다. 라인을 정하고 어드레스해서 목표를 확인할 때 시선이 어디를 보고 있는가. 이것이 결정수가 된다는 말이다. 롱퍼트는 고사하고 불과 40~50cm의 짧은 퍼터라도 미치지 못하고 컵 가장자리에서 멈추는 것 역시 시선이 컵의 앞 쪽으로 가 있기 때문이다.

앞 페이지의 '연못 너머의 홀을 향하는 어프로치 거리감 극복하기'에서도 말했듯이 볼은 시선이 가는 곳으로 가게 되는 속성이 있다고 보면 된다. 따라서 컵 바로 앞 쪽에 눈이 가면 그곳까지의 거리감이 자연히 생겨 버린다. 그렇게 되면 자기도 모르게 은연중 컵에 미치지 못하게 되는 볼을 치게 된다는 말이다.

일반적인 컵 주변은 미세하나마 약간 솟아 있기 마련이다. 그래서 볼의 전진 기세를 멈추게 하기 쉽다. 하강의 쇼트 퍼트라면 컵 바로 앞 쪽 가장자리에 눈이 가도 상관없다. 그러나 평평하거나 상승되는 라이의 퍼트에서는 컵의 건너편 가장자리를 보도록 한다.

그렇게 하면 '2% 부족한 퍼트' 즉, 미치지 못해서 안타까운 생각을 하게 되는 일은 없어진다.

심리적으로도 컵 맞은편에 시선이 가면 적극적인 퍼트가 가능하다.

단, 컵을 지나치게 한다는 생각으로 강한 듯하게 히트시키려고 하면 지칫 페이스의 방향이 틀어지기 쉽게 된다. 시선이 곧 플레이어의 심리를 반영하는 것이다.

시선을 컵
맞은 쪽에
맞춘다.

NO   YES

능숙한 탈력을 위한 드릴
손가락 끝에 피가 모이도록 '탈력' 해서 좌우로 휘두른다

스윙궤도를 이해했다면 이번에는 능숙하게 탈력(脫力)하기 위한 드릴(drill)을 살펴보기로 하자. 손에 배구공이나 농구공을 쥔 이미지로, 아니면 실제로 공을 쥐고서 손가락 끝에 피가 모이는 '탈력' 을 해서 좌우로 스웨이(sway)하며 휘둘러본다

굿샷, 즉 좋은 샷을 하기 위해서는 그리고 그 굿샷이 계속 나올 수 있도록 같은 동작을 몇 번이라도 반복할 수 있게 하기 위해서는 어떻게 탈력하느냐가 아주 중요한 포인트이다.

아무리 훌륭한 매커니즘을 가지고 있어도 힘을 줘 버리면 미스가 된다. 따라서 평소부터 여유있는 트레이닝을 해 둘 필요가 있다.

이를 위한 반복적 연습이 요구되는 학습방법으로써 다음과 같은 방법이 있다. 우선 전경(前傾)자세를 취하면서 양 팔을 축 늘어뜨리고 좌우로 휘두른다. 양 무릎과 허리를 숙이고 팔 만을 탈력하는 방법이다.

그런데 자신이 탈력했다고 생각하면서도 팔꿈치나 손가락에 힘이 남아 있는 사람이 적지 않으므로 이를 가능한 극복해야 한다.

그러기 위해서는 우선 양팔을 축 늘어뜨리고 손가락 끝에 피가 모이는 이미지를 가진다. 다음에 스윙하듯 서서히 오른쪽으로 그리고 왼쪽으로 휘둘러 움직인다.

팔꿈치, 어깨에 전혀 힘을 주지 않고 흔들면서 좌우로 움직일 수 있게 되면 움직임의 폭을 점차 크게 하면서 톱의 자세에 이르게도 해보고 이번에는 피니시의 포즈를 취해 본다.

이 드릴로 톱과 피니시의 포즈를 취해도 전혀 어깨에 힘이 들어가지 않도록 매일 반복함으로써 팔의 탈력을 마스터할 수 있다. 단, 이와같이 팔을 흔들 때 허리가 스웨이 되지 않도록 주의해야 한다.

손가락 끝에 피가 모이도록 양 팔을
늘어뜨려서 좌우로 휘둘러 본다.

몸의 회전축은 우측 사이드
좌 측 사이드를 축으로 하면
오른 쪽 어깨가 앞으로 나온다

스윙은 항상 같은 동작을 반복하여 할 수 없으면 의미가 없다. 따라서 스윙 순서에는 근육이 움직이는 순서가 중요하다.

다운스윙은 왼쪽 하반신부터 스타트해서 왼손으로 클럽을 끌어 내리는데 이것을 한 마디로 표현하자면 '좌 측 사이드의 리드'가 된다. 좌 측 사이드에서 리드하기 위해서는 항상 왼쪽이 자유로와야 한다. 즉, 방해 요소 없이 매끄럽게 턴할 수 있는 상태를 말한다. 그러기 위해서는 몸의 회전축은 우측 사이드가 되어야 한다. 좌측 사이드에서 리드하기 때문에 회전축도 좌측 사이드로 잡아야 한다고 생각하는 사람이 많다. 하지만 왼쪽으로 회전축을 가져오는 순간 체중이동도 오른쪽에서 왼쪽으로 바뀌어 버린다. 문의 경첩을 생각하면 이해가 빠른데 왼쪽이 축이 되면 문의 끝은 우측이 열리게 되며 결국 오른쪽 어깨가 앞으로 나오게 되므로 이것은 아웃사이드인의 궤도가 된다.

좌측이 매끄럽게 회전하기 위해서는 축을 우측 사이드로 가져 온다.

그렇게 하면 백스윙에서 회전한 왼쪽 어깨는 항상 같은 곳으로 되돌아 오고 턴 해 간다. 피니시에서는 어차피 왼발에 체중을 싣게 되지만 볼을 칠 때까지는 오른발에 체중이 있어야 한다.

다운 스윙에서 체중을 옮겨버리면 오른쪽 어깻죽지가 어드레스의 위치보다도 왼쪽(목표방향)으로 빗나간다. 이렇게 되면 스윙의 로우포인트(low point)가 바뀌어 버리기 때문에 임팩트에서 막힌다.

몸의 회전축을 우측 사이드로 하면 오른쪽 어깨가 나가지 않는다. 머리를 볼 뒤(오른쪽)로 유지하고 스윙하며 휘둘러 빼는 것이다. 프로의 팔로우스루가 크고 팔이 잘 펴져 있는 것은 원심력에 의해 바깥으로 날아 가려고 하는 클럽 헤드와 머리가 서로 버티며 대항하기 때문이다.

볼을 칠 때까지는 오른발 체중으로.

스윙 시 몸의 회전축이 좌측사이드가 되면 오른쪽 어깨가 나가게 되고 이러한 스윙은 프로의 스윙과는 거리가 먼, 그저 공을맞힐 뿐인 스윙이 되어 비거리는 바랄 수 없게 된다.

손의 위치가 왼쪽일수록 낮은 타구가 된다

어프로치에는 3종류의 세트업이 있다.

1. 로프트 대로 친다.
2. 로프트 이상으로 볼을 올려 친다.
3. 로프트보다 낮게 쳐 낸다.

볼을 올릴 때는 손의 위치가 가운데로 온다. 앞에서도 얘기했지만 1개의 클럽으로 3가지의 어드레스를 했을 경우 어디가 공통되고 어디가 다른지를 정확히 알아 둘 필요가 있다. 볼에서 수직으로 선을 그어 보면 알기 쉽다. 낮게 쳐낼 때는 손의 위치가 왼쪽으로 와서 핸드퍼스트의 형태가 된다. 먼저 공통되는 것은 볼이 왼쪽 발 뒤꿈치 선상에 있는 것. 이것은 왼쪽 어깻죽지가 스윙의 최저점과 정대하기 때문에 볼에 대해서 취하는 자세는 기본적으로 변하지 않음을 나타내고 있다.

그럼 어디가 다른가? 그립의 위치와 샤프트의 각도이다. 로프트대로 치는 어드레스는 볼에서 그립이 조금 앞인데 반해서 볼을 올리고 싶을 때는 그립과 볼의 위치가 거의 동일. 즉 샤프트는 수직에 가깝다. 한편 낮게 쳐 내는 어드레스는 그립이 앞에 와서 확실히 핸드퍼스트의 모양을 만들고 있다. 스윙은 트라이앵글로 한다. 손목의 조작은 들어가지 않고 어깨와 양팔의 삼각형을 유지한 채 몸의 회전으로 클럽을 움직인다.

이렇게하면 타구의 높이를 결정하는 것은 클럽의 로프트임을 잘 알 수 있을 것이다. 어떤 샷을 하고 싶은가에 따라 이와 같이 어드레스에서 표현되어야 한다. 볼을 올리는 자세를 취하고 억눌러서 친다든가, 낮게 치는 자세에서 볼을 올리면 큰 미스로 이어진다는 말이다. 좀더 낮은 공으로 접근하고 싶을 때는 아예 로프트가 적은 클럽으로 바꾼다. 올려서 멈추고 싶으면 페이스를 벌리고 스탠스를 오픈으로 한다.

1. 그립의 위치가 가
운데로 올 수록 볼
이 올라간다.
2. 로프트대로의 표
준자세
3. 낮게 쳐낼 때는
손의 위치가 왼쪽으
로 와서 핸드퍼스트
의 형태가 된다.

짧은 거리에서 우선 페이스의 방향을 체크

스타트 전의 퍼팅 연습은 쇼트 퍼트부터 시작한다.

50cm 전후의 짧은 거리라면 거의 평평하니까 페이스가 라인을 따라서 똑바로 나고 있는지 어떤지를 체크하는데 적합하다. 처음에 롱퍼트를 해야한다고 하는 의견도 있지만 숏퍼트로 페이스의 방향을 체크하는 것이 먼저라고 생각된다. 상정한 라인에 스퀘어로 페이스가 나가지 않으면 무엇을 해도 의미가 없기 때문이다.

페이스의 방향을 체크하는 것이 목적이기 때문에 정확히 거리를 맞춰서 흘려 넣는 퍼트는 하지 말 것. 다소 강한 듯해도 스퀘어로 스트로크 할 수 있으면 들어갈 것이다. 우선 스트로크 그 자체의 불안을 없애고 괜찮다고 하는 감각을 파악하는 것이 필요하다. 그린의 속도나 거리감의 체크도 그 때문이다.

코스에서 좋은 퍼트를 하기 위해서는 그린의 속도를 파악해 두어야 한다. 그래서 5cm 전후의 지점에서 스트로크해 본다. 이 때 최초의 1구는 훅 또는 슬라이스 라인이라고 생각해도 스트레이트로 친다. 그리고 어느 정도 오른쪽이나 왼쪽으로 꺾이는지를 체크한다.

처음부터 롱퍼트를 바로 넣는 스트로크는 하지 않아도 된다. 그린의 속도에 따라서 꺾이는 법은 달라지기 때문에 외관상의 거리를 똑바로 쳐 본다. 여느 때의 당신의 터치로 스트로크하면 어떻게 꺾이는지를 아는 것이다. 2구째부터는 넣을 생각으로 라인을 그려서 표시를 하고 그곳을 통과하도록 스트로크한다.

롱 퍼트의 거리감은 2군데 표적이 될 곳을 찾아서 A 지점에서 B지점으로 3구 한 후 반대로 B 지점에서 A지점으로 마찬가지로 3구 해 본다.

이 경우 겨냥의 의미는 두 가지가 있다.

　하나는 3구 모두 같은 거리감으로 스트로크할 수 있는지, 또 하나는 같은 터치로 굴렸을 때에 A부터 B지점과 B부터 A지점에서 어느 정도의 오차가 있는지를 체크한다.

　즉, 상승과 하강에서 어느 정도 다른지를 보기 위해서이다.

　상승, 하강, 훅, 슬라이스로 방향을 바꿔서 하고 기분좋게 컵 인했을 때 끝낸다. 쇼트 퍼트를 마지막에 하는 사람이 있는데 가장 좋지 않은 방법이다. 들어가야 당연한 거리를 놓치면 스트로크 그 자체에 불안을 남기기 때문이다.　연습 그린에서는 우선 평평한 곳에서 짧은 퍼트부터 시작하여 페이스의 방향을 체크한다. 그리고 이와 함께 손목을 사용하지 않는 퍼트의 연습이 필요하다.

퍼팅(putting)은 스윙의 원형이다. 라인 위를 어떻게 클럽 페이스를 스퀘어로하고 움직일 수 있을까? 그러기 위해서는 작은 근육으로 이루어진 손목을 단단히 해서 원패턴화 할 수 있느냐가 최대의 포인트가 된다. 스트로크의 기본형을 파악하는 연습으로서는 양 손의 손바닥을 정면으로 향한 세트업을 취하고 양 어깨를 꼭지점으로 해서 좌우 대칭으로 움직여 보는 것이다. 다음에는 그립의 손바닥을 다소 위로 향하게 하고 좌우 대칭으로 움직여 본다. 이렇게 하면 손바닥을 다소 위로 향하게 하는 것이 손목을 사용하지 않는 방법임을 알 수 있다.

프로의 퍼팅 스타일 중에도 손바닥이 위를 향하는 것 같은 그립을 하고 있는 사람이 적지 않다. 이것은 손목을 록(lock)시켜서 페이스가 스퀘어 라인 위를 움직이는 확률을 좋게 하기 위한 연구이다. 그런 다음 손목을 사용하면서 당기거나 눈으로 들어온 거리감을 틀리게 하는 것 같은 타법을 취한다. 좋을 때와 나쁜 때가 확실히 나타나버린다.

좌우의 손을 바꾼 크로스핸드 그립(cross hand grip)도 손목을 사용하지 않기 위한 연구이다. 손바닥을 정면으로 향하고 시계추와 같은 스트로크를 하는 연습을 하고 나서 실제로 퍼트해 보면 방향성이 좋아져서 볼의 구르기가 일정해진다. 골프에서 퍼팅을 제외한 모든 샷은 어느 한 지점에 반드시 갖다놓아야 하는 법은 없다. 하지만 퍼팅은 다르다. 퍼팅은 거리와 방향 두 요인이 정확히 맞지 않으면 컵 인(cup in)을 바랄 수 없는, 매우 섬세한 터치가 요구되는 동작이라는 점을 명심한다.

제 3 부
부 록

1. 골퍼가 꼭 알아두어야 할 에티켓과 매너

2. 이종병 프로골퍼의 연속스윙 화보

골퍼가 꼭 알아두어야 할 에티켓과 매너

1 매너의 좋고 나쁨에 인격이 드러난다.

에티켓과 매너는 모두 예절 또는 예의라는 의미이지만 골프의 본고장이라고 할 수 있는 영국인들은 골프에서의 매너를 좀더 넓은 의미로 파악하고 있는 것 같다. 즉, 골프의 매너를 단지 플레이 중에 있어서의 지켜야 할 예절에만 국한시키지 않고 그 사람의 인격, 품성과 관계되는 모든 것으로 정의하여 폭넓게 지칭하고 있는 것이다. 따라서 매너가 나쁜 골퍼라고 하는 것은 플레이 상의 예절을 모를 뿐만 아니라 어떤 예절 교육을 받아 왔느냐라고 하는 생활방식 그 자체를 평가받게 되며 끝까지 파고들면 가정과 교육의 문제까지 결부된다. 이런 영국의 예를 들지 않더라도 대접받는 골퍼가 되기 위해서 나 자신부터 교양있는 행동을 해야 하는 것은 당연하다고 할 수 있다. 플레이 상의 예절에 눈을 돌리기 전에 우선 사회인으로서의 예절상식으로 모든 일을 생각하면 되는 것이다. 그 후에 골프에서의 지식을 이해한다. 매우 복잡하게 생각되는 룰도 있는 그대로의 상태에서 플레이하고 자신에게 유리해지도록 해석하지 않는 것을 기본 자세로 하면 트러블이 되는 경우는 없다. 따라서 골프의 매너, 에티켓이 까다롭다고 할 것이 아니라 사회 규범에 근거하여 생각하면 간단하다. 그리고 자신의 입장보다도 우선 동반 경기자에게 눈을 돌린다. 주변 사람에게 폐를 끼치거나 불쾌한 생각을 하지 않도록 하기 위해서는 어떻게 해야 될까를 항상 생각한다.

2 늦어도 스타트 30분 전에는 코스에 도착해 둔다

스타트 시간은 골프장에 도착하는 시간이 아니다. 대진표를 제출해야 하기 때문에 늦어도 30분 전에는 도착해 두어야 한다. 코스에 늦으면 동반 경기자를 안절부절 못하게 하고, 경우에 따라서는 스타트 시간이 늦춰지는 경우도 있게 된다. 적어도 30분 전이

318

나 아니면 여유있게 1시간 전 쯤에는 도착
해 주어야 한다.

3 스타트 6분 전에는 티그라운드 의 근처에서 대기

아침 스타트, 점심 식사 후의 스타트는 적
어도 6분 전에는 티그라운드 근처에 대기하고 있도록 한다. 대부분이 6분 간격의 스타
트이기 때문에 항상 플레이 할 수 있는 준비를 해두어야 한다. 티오프의 시간을 도착
시간으로 착각하지 않도록. 서두르면 굿샷도 놓쳐 버린다.

4 민소매셔츠나 진바지 등으로 플레이하지 않는다

코스에 따라서는 '소매 없는 웨어의 플레이는 금지'라고 명기하고 있는 곳도 있다. 하
지만 명기되어 있지 않아도 소매 없는 플레이는 하지 않는 것이 상식이다. 진바지도 마
찬가지다. 반드시 골프 웨어를 입어야만 하는 것은 아니지만 그렇다고 너무 러프
(rough)한 복장은 삼가야 한다. 여름용 반바지도 바람직하지 않다. 버뮤다 셔츠 정도로
그치도록 하자.

5 벨트 고리가 있는 바지에서는 반드시 벨트를 착용한다

벨트없는 바지도 많아졌다. 벨트가 필요없는 바지의 노벨트는 상관없지만 벨트 고리가
달려 있는데도 벨트를 하지 않는 것은 보기 흉하다. 단정치 못하게 비친다. 자신은 벨
트가 필요없다고 생각된다고 해도 착용해야 한다. 타인에게 불쾌한 느낌을 주지 않는

다는 것이 대 전제이다.

6 연습 후 빈 상자는 제자리에 되돌려 놓거나 정리해 둔다

스타트 전의 연습에서는 끝나면 상자나 바구니를 접수처에 되돌려 주거나 옆에 정리해 둘 것. 매트 위의 흙을 제거하고 매트의 방향을 정확히 바로 잡아 다음에 연습하는 사람이 불쾌한 기분이 되지 않도록 배려해 주어야 한다.

7 사용 공을 동반 경기자에게 알려준다

오구는 자신이 손해를 볼 뿐만 아니라 상대에게도 폐를 끼친다. 치기 전에 자신의 사용 공 브랜드명과 넘버를 동반 경기자에게 알려둔다. 공에다 표시를 해 둔다면 더 바랄 나위 없다. 사용공이 충돌하는 경우에는 다른 볼을 사용할 것. 스타트하기 전에 전원이 확인해 둔다. 또한 OB 등과 같이 다시 치는 경우에도 반드시 사용 공을 선언해둔다.

8 예비공은 반드시 몸에 지참해 둔다

무슨 일이 일어날지 예측할 수 없는 것이 골프다. OB가 되거나 하는 등의 위험이 있기 때문에 잠정구를 치는 경우에 예비공을 가지고 있지 않으면 그만큼 쓸데없는 시간을 낭비해서 플레이의 진행이 늦어진다. 4백(bag)의 경우에는 캐디가 멀리 떨어진 곳에 있는 경우도 많기 때문에 반드시 바지 주머니 등에 예비공을 넣어갖고 플레이에 임하도록 한다.

9 티그라운드에는 옆으로 올라가고 옆으로 내려간다

티그라운드에는 옆에 만들어져 있는 올라가는 입구로 올라가고 같은 곳으로 내려오는 습관을 들인다. 페어웨이로 향해 가면 사용하고 있지 않는 티그라운드를 밟게 되고 발길이 자칫 티그라운드 주변 둔덕의 흙을 뜨가거나 잔디가 다치기 쉬워진다. 모두가 같은 길을 오가면 그만큼 티그라운드의 잔디가 오래 보존된다.

10 치는 사람이 티업하면 잡담은 삼가한다

플레이어가 어드레스하면 잡담을 하지 않는다고 해석하고 있는 사람이 적지않다. 플레이는 티업을 했을 때부터 시작되고 있다고 생각하자. 오히려 어드레스 자세를 잡으려는 순간 까지가 중요하다. 그때 잡담이 들리면 집중력을 흐트러 뜨리게 된다. 동반자가 티업을 하면 이야기는 삼가한다. 이 것은 엄격히 지켜 주어야 한다.

11 스윙 연습은 볼에서 떨어진 곳에서

스윙 연습을 하면서 잔디를 뽑는 것은 삼가한다. 어디까지나 이제부터 실시하려고 하는 샷의 이미지를 그리는 것이기 때문에 클럽 헤드를 지면에서 띄워서 클럽을 휘두를 것. 또한 너무 볼 가까이에서 스윙 연습을 하면 헛스윙과 같이 보이고 잘못된 탄력으로 인해서 자칫 볼에 맞는 경우도 있다. 일정 거리의 볼 뒤 쪽에서 목표로 향해 스윙 연습을 하면 오해를 부르는 일은 없다.

12 항상 뒷 조에 주의를 기울이는 마음의 여유가 바람직하다

플레이 중은 항상 다음 조에 배려해 두기 바란다. 차의 운전과 마찬가지로 독선적인 태도로는 뒷 사람이 당황한다. 항상 전체 플레이의 흐름을 생각하면서 기민하게 행동하여야 하며 뒷조가 2인 또는 3인으로 플레이가 빠른 경우에는 패스시키도록 한다.

13 6인치 플레이스의 로컬 룰을 악용하지 않는다

많은 골프장에서 6인치 플레이스의 로컬 룰을 사용하고 있다. '스루 더 그린(플레이 중인 홀의 티잉그라운드와 퍼팅그린을 제외한 지역)' 인지를 확인하고 움직이는 경우에는 6인치 이내를 엄수할 것. 옛날에는 스코어 카드의 폭이 꼭 그 길이였지만 지금은 여러 가지 사이즈의 스코어 카드가 있어 반드시 표준이라고는 할 수 없다. 1 인치는 2.5센티이니까 움직일 수 있는 것은 15센티 이내라고 생각하면 된다. 20센티 움직이는 것으로 클럽이 용이하게 휘둘려지거나 스타이미(stymie;타자의 공과 홀과의 사이에 상대방의 공이 있는 상태)가 아니게 되는 경우는 종종 있다. 룰을 악용해서는 신뢰를 잃는다. 15센티가 어느 정도인지 모두가 인정할 수 있는 표준을 가져 두어야 한다.

14 치는 사람보다 앞으로는 절대 나가지 말 것

골프는 한 번 잘못하면 매우 위험한 게임이다. 사고를 일으키지 않기 위해서도 치는 사람보다 앞으로는 절대 나가지 말 것을 명심해 두어야 한다. 제 2타 이후는 자칫하면 다친 후 앞으로 나아가서 다음에 치는 사람의 앞으로 나가게 되기 쉽다. 이렇게 되면 뒤에 있는 플레이어의 마음도 불안하고 실제로 무슨 일이 일어날지 모른다. 동반 경기자로부터 '칩니다' 라는 소리를 듣는 것 같은 상황을 만들어서는 안 된다.

15 클럽을 선택해서 볼 근처에서 플레이 준비를 하고 기다린다

슬로 플레이의 최대 원인이 되는 것은 다음 샷을 할 준비를 하고 있지 않는 데에 있다. 남이 치는 것을 옆에서 바라보고 있다가 그 다음에 클럽을 잡으러 간다. 혹은 그제서야 '캐디~' 라고 하니까 시간은 자꾸자꾸 지나가 버린다. 각자가 클럽을 선택해서 볼 옆에서 대기하고 남의 샷을 지켜 보도록 하면 상당한 시간을 절약할 수 있다.

16 친 후는 터프를 되돌린다든가 캐디에게 손질을 부탁해 둔다

샷을 하고 터프(잔디뭉치)가 뽑혔을 때에는 날아간 터프를 제 위치에 되돌리는 습관을 들인다. 제자리에 되돌려 눌러두면 그만큼 잔디 모양이 좋아진다. 터프가 날아 흩어졌을 경우에는 캐디에게 부탁해서 손질을 해둔다. 샷의 결과에 신경을 빼앗기는 일 없이 잔디 보호에도 배려하는 여유가 바람직하다.

17 미스 샷하면 클럽을 2, 3개 가지고 달린다

골프는 미스의 게임이라고도 일컬어지기 때문에 미스를 한다해도 부끄러워할 필요는 없다. 다만, 다음 샷을 상정하고 클럽을 2, 3개 들고 달리는 모습을 보여줄 필요가 있다. 미스한 사람이 제일 뒤에서 여유있게 걷는 것 같아서는 안된다. 클럽을 들고 뛰어 제일 빨리 볼을 찾아 다음 샷에 준비하는 것이 바람직하다.

18 옆 홀에 볼이 들어가면 인사를 하고 안전을 확인한 후 친다

샷이 구부러져서 옆 홀에 쳐 넣는 경우는 흔히 있다. 이와 같은 경우에는 그 홀의 플레이어가 쳐서 오고있지 않은지 안전을 확인한 후, 볼에 다가가도록 해야만 한다. 옆 홀에 잠자코 들어가는 사람이 있는데 이는 좋지 않다. 한 마디 인사라도 하고 상대 팀의 플레이어의 방해가 되지 않도록 하면서 복구시켜 놓는다.

19 '포어'는 '머리를 숙여 보호하라'는 의미

타구가 사람이 있는 방향으로 날면 '포어(fore; 공이 가는 앞 쪽에 있는 사람에게 위험하다고 경고하는 소리)'라고 큰 소리를 지른다. 포어라는 말이 들리면 지체없이 양 손으로 후두부를 감싸고 웅크릴 것. 외침이 들리는 방향을 뒤돌아 보는 것은 매우 위험하다. 그 때문에 실명하는 예도 있다. 포어는 '머리를 숙여 보호하라'고 하는 의미를 알아 두어야 한다. 소리가 나는 방향에 등을 돌리고 머리를 숙이고 웅크리는 것이 가장 안전한 방법이다.

20 앞 조가 전원 다 치는 것을 확인하고 나서 친다

골프는 지형의 언듈레이션이 있는 유일한 스포츠다. 올라감이나 내려감은 물론 도그렉홀(dogleg hole) 등 제2타 지점이 블라인드로 되어있는 홀도 적지 않다. 반드시 앞 조 전원이 다 치고 걸어 나가고 나서 안전을 확인한 후 어드레스에 들어가도록 한다. 캐디가 먼저 가서 신호를 하는 경우에는 그 지시에 따를 것.

21 만일 앞 조에 공을 쳐 넣으면 달려 가서 사과할 것

어떤 이유가 있든 앞 조에 공을 쳐 넣는다는 것은 이 쪽의 과실이다. 나중에 사과하면 된다는 식의 뻔뻔스러운 생각을 하지 말고 다른 조에 공을 쳐 넣었다는 것을 알았으면 지체없이 달려 가서 무례를 사과할 것. 거리가 있다. 괜찮다고 하는 것이 가장 위험하다. 한 번 잘못하면 큰 사고로 이어질지도 모르기 때문에 절대로 안전을 확인하고 나서 치도록 한다.

22 담배꽁초나 쓰레기를 발견하면 줍는 배려심을…

골프장은 워낙 넓기 때문에 쓰레기가 좀체로 눈에 띄지는 않지만 주의깊게 보면 제법 떨어져 있다. 자신이 떨어뜨린 것이 아니니까 관계없다고 생각하지 말고 발견하면 줍는 정도의 마음을 가져 주기 바란다. 특히 담배 꽁초나 티(tee)가 파손된 것은 플레이어 한 사람 한 사람이 주음으로서 코스는 눈에 띌 만큼 깨끗해질 수 있다.

23 우산을 던져 버리거나 찔러 세우지 않는다

비 내리는 날은 우산 취급에 주의해야 한다. 우산을 편 채 옆에 던져버리거나 접어서 지면에 찔러 세우거나 하지 않도록. 바람이 부는 날은 날아 가지 않도록 방향을 생각해서 조용히 둘 것. 벙커 내에서 찔러 세우면 이상한 행위로 간주 될 수도 있다. 해저드 내에서는 특히 신중히 행동하자.

24 벙커는 볼에 가까운 곳으로 들어가고 들어간 방향으로 나온다

벙커 샷을 할 때에는 입구와 출구를 똑같이 해야 한다. 당연히 볼에 가까운 곳으로 들어가야 하지만 턱이 있는 곳에서 뛰어내려가고 올라가는 일은 피해야 한다. 평탄하고 볼에 가까운 곳으로 들어가고 같은 방향으로 나가는 습관을 들이자.

25 벙커샷 후에는 고무래로 발자국을 없애고 나온다

벙커의 발자국을 없애 두는 것은 최소한 지켜야 할 에티켓이다. 남의 발자국에 들어간 볼을 치는 것만큼 불쾌한 일은 없다. 합리적으로 하기 위해서는 벙커에 들어갈 때 미리

고무래(레이크;rake)를 가지고 들어가든가 근처에 놓아 두어 샷한 후에 곧 없앨 수 있는 준비를 해 둔다. 단순히 발자국만 지우면 되는 것이 아니다. '산'을 만들지 않도록 골라놓아야 하고 그러기 위해서는 고무래로 모래를 밀어준 후 앞으로 조용히 끌어 당김으로서 요철을 만들지 않도록 한다.

26 그린 위에서는 스파이크를 질질 끌지 않는다

벤트그린에서 가끔 할퀸 상처를 보게 되는 경우가 있다. 이것은 스파이크를 질질 끌고 걸었기 때문이다. 라운드 경험이 적은 사람이 스파이크를 신고 걷는 감각에 익숙치 않기 때문에 이러한 행동이 많은데 다리를 올리고 있다해도 발뒤꿈치가 올라가고 있지 않는 경우가 있다. 요즘은 대부분 쇠로 된 징을 박은 스파이크슈즈의 사용을 금하고 있지만 고무로 된 스파이크라고 해도 잔디를 완전히 보호하는 것은 아니다. 또한 피곤해지면 마찬가지로 발이 올라가기 어려워진다. 기분좋게 퍼트를 하기 위해서도 스파이크를 질질 끌어 상처를 내지 않도록 걷자.

27 볼을 주워 올리기 전에 눈에 띈 볼 자국을 고친다

그린에 올라가서 볼을 마크할 때까지 눈에 띄게 움푹해진 곳을 바로 잡도록 한다. 볼을 마크하고 난 후에 주변의 볼 자국을 고치면 혼동하게 되기 쉽기 때문에 볼이 있는 곳에 갈 때까지 퍼트라인과는 관계가 없는 장소에서 나중에 플레이하는 사람을 위해서 고쳐 두는 배려가 바람직하다.

28 볼마크의 코인은 10원짜리 동전이 좋다

그린 위의 볼을 주워 올릴 때, 마크하기 위해 코인을 사용하는 경우에는 10원 동전이

가장 적합하다. 100원 동전과 달리 햇빛에 닿아도 반사광이 약하기 때문이다. 퍼트할 때에 동전이 빛나고 있으면 마음에 걸린다. 이 점을 배려함과 동시에, 자신이 사용하는 퍼터도 가급적 빛을 받아도 크게 반사되지 않는 도금으로 되어 있는 것을 선택하는 것이 좋다.

29. 볼의 마크는 진행 라인 상에서 볼의 바로 뒤에

그린 위의 볼을 주워 올리며 마크를 할 때에는 컵과 볼을 연결하는 라인상의 볼 바로 뒤에 마크를 하도록 한다. 옆에 놓거나 볼을 주어 올리는 것과 동시에 마크하는 등의 의심스러운 행위는 엄격히 삼가야 한다. 정확한 위치에 마크하고 나서 볼을 주워 올리고 자신의 퍼팅 차례가 오면 볼을 제 위치에 되돌리고 나서 마크를 제거할 것.

30. 타인의 퍼트 라인에 그림자를 떨어뜨리지 않는다

퍼트하는 사람의 라인 상에 서지 않는다. 떨어져서 지켜 보는 것은 물론이지만 라인 상에 그림자를 떨어뜨리고 있는 것을 깨닫지 못하는 경우가 많다. 볼부터 컵까지의 도중에 그림자가 있으면 거리를 파악하기 어렵다. 특히 만추부터 겨울에 걸쳐서 서쪽 해가 비칠 때는 긴 그림자가 새긴다. 상대의 플레이 존에 그림자를 떨어뜨리지 않고 방해가 되지 않는 장소를 빨리 찾아서 움직이도록 한다.

31 핀을 들 때는 프로사이드에 서고, 치면 재빨리 빼고 물러간다

캐디가 바쁠 때에는 컵에 제일 가까운 사람이 핀을 들도록 한다. 이 경우 서는 위치는 소위 프로사이드라고 불리는 높은 쪽 위치에 설 것. 핀을 컵 뒤의 안 쪽에 대고 수직으로 해서 든다. 낮은 쪽에 서면 굴러 오는 볼의 방향으로 뒤로 물러가야 되는 경우가 있게 되기 때문이다. 플레이어가 퍼트하면 재빨리 핀을 빼고 그 자리에서 물러갈 것. 그러기 위해서도 프로사이드에 서서 들어야 한다. 볼이 굴러 오는 것을 바라보고 있는 사람이 적지 않다. 핀에 만일 닿으면 페널티이기 때문에 플레이어에게 필요없는 신경을 쓰지 않게 하고 치면 곧 뺀다.

32 컵의 가장자리는 다치기 쉬우므로 볼을 꺼낼 때 주의를

컵의 가장자리는 다치기 쉽다. 아무렇게나 볼을 주워 올리면 잘못해서 상처를 입는 경우가 있다. 그중에는 퍼터로 볼을 꺼내는 사람이 있는데 당치도 않다. 플레이어 전원이 같은 조건에서 기분좋게 플레이하기 위해서도 볼의 꺼내기, 핀을 뽑거나 찌르거나 할 때에도 세심한 주의를 기울여 줄 필요가 있다.

33 스코어의 기입은 그린을 나가고 나서

스코어의 기입은 그린 밖으로 나가서 하는 습관을 들인다. 홀 아웃하면 재빨리 뒷조를 위해서 그린을 비워 준다. 스코어를 기입하는 것은 그 다음. 기입하면서 나가면 플레이의 진행도 늦어지고 타구가 날아와서 위험하기도 하다. 가능한 한 빨리 물러나서 다음 티그라운드로 가서 타순이 올 때까지의 동안에 천천히 기입하면 된다.

34 스파이크에 묻은 흙은 깨끗이 털고 나서 들어간다

홀 아웃하고 클럽 하우스에 들어갈 때에는 슈즈에 묻은 흙을 반드시 털고나서 들어가
도록 한다. 특히 비가 내리는 날이나 전날 비가 내려서 페어웨이가 젖어 있는 경우에는
진흙이 묻기 때문에 물로 씻어 떨어뜨릴 것. 슈즈 뿐만 아니라 슬랙스에 묻은 먼지나
쓰레기도 제거하고 나서 식당으로 올라 가도록 해 주기 바란다.

36 모자나 장갑을 식당에 가지고 들어 가지 않는다

점심 식사 때에 모자나 장갑을 가지고 들어가는 것은 삼가야 한다. 모자를 착용하고 있
는 경우는 식당 입구 부근에 있는 모자 걸이에 걸어둔다. 장갑은 카트(cart) 속에 두고
올 것. 식사를 하는 테이블 위에 장갑이나 볼을 두는 것은 상대에 대해 대단히 실례가
된다.

37 알콜은 적당히, 만취상태에서의 플레이는 매우 위험

플레이 후의 맥주의 맛은 각별하지만 점심 식사 때의 알콜은 최소한으로 적당히 해 둔
다. 취할 정도로 마시는 것은 골퍼로서 실격일 뿐더러 매우 위험하다. 볼은 반드시 앞
으로 나아간다고는 할 수 없다. 사고가 나지 않는다 하더라도 상황 판단이 흐려지기 때
문에 플레이의 진행도 느려지고 도저히 좋은 스코어는 바랄 수 없다.

38 스코어 카드는 기입 누락 없이 정성껏 쓴다

스코어 카드라고 하는 것은 의외로 남의 눈에 띄는 것이다. 이 때 동반 경기자의 스코
어 기입 누락이 없도록. 또한 난폭하게 휘갈겨 쓰는 것이 아니라 정성껏 기입할 것. 남
이 언제 봐도 불쾌한 느낌을 품지 않도록 기입해 주기 바란다.

미처 못 들으면 다시 묻는 것도 부끄러워서 기입 누락을 만들어 버리는 경우가 있다. 잘 알아 들을 수 없게 되지 않도록 다시 묻고 그 자리에서 처리하도록 한다.

39. 목욕탕이나 화장실 매너는 품성이 곧장 나타난다

골프장에서의 매너가 가장 잘 나타날 때는 목욕탕과 화장실에서가 아닐까? 대야에 사용한 물이 남아 있게 하는 것은 후에 이용하는 사람에게 당연히 싫은 인상을 주는 법이다. 사용 후 대야와 의자를 깨끗이 씻고 나가도록 해 주어야 한다. 몸을 씻고 있는 동안 뜨거운 물을 마구 흘려 두는 사람이 적지 않다. 자신의 집에서는 그런 행동을 하지 않을 것이다. 필요한 때만 뜨거운 물을 쓰고 쓸데없이 낭비하지 않도록 해야 한다.
또한 샤워를 사용할 때에는 옆이나 뒷사람에게 튀지 않도록 주의한다. 세면장에서는 용품을 거칠게 사용하지 말고 뚜껑을 덮어 제자리에 되돌려 둘 것. 목욕타올 등 빌린 것은 소정의 사물함에 정확히 넣도록. 머리카락은 빠져 떨어지기 마련이니까 사용 후 티슈 등으로 깨끗이 주변을 닦아 두는 배려를 해야 한다. 목욕탕과 화장실에서는 일상의 예절이 곧바로 나타난다. 아무리 스코어가 좋아도 여기에서의 매너가 나쁘면 그 사람의 품성이 나쁘게 보인다.

40. 식당에서 돈 교환을 하지 말 것

골프에 내기는 으레 따르는 것으로 적당한 긴박감을 만드는 내기는 상관없지만 식당에서 돈 교환을 하는 것은 절대로 하지말자. 옛날엔 쵸콜렛으로 정산을 하기도 했지만 지금은 거의 눈에 띄지 않는다. 어떤 내기를 하든 식비지불 정도로 하고 현금교환을 삼간다. 그 사람의 품격이 의심스러워 보인다.

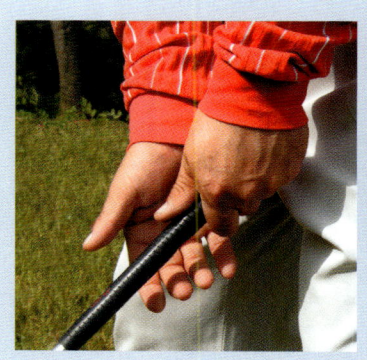

때론 열마디의 레슨보다
프로골퍼의 연속스윙 한 동작이 훨씬 도움이 될 때가 있다.
프로골퍼의 연속스윙 동작을 살펴보고 내 동작과 비교,
개선할 수 있다면 당신은 이미 한 단계 업그레이드 된
실력을 갖추고 있는 것이다.

2. 이종병 프로골퍼의 연속스윙 화보

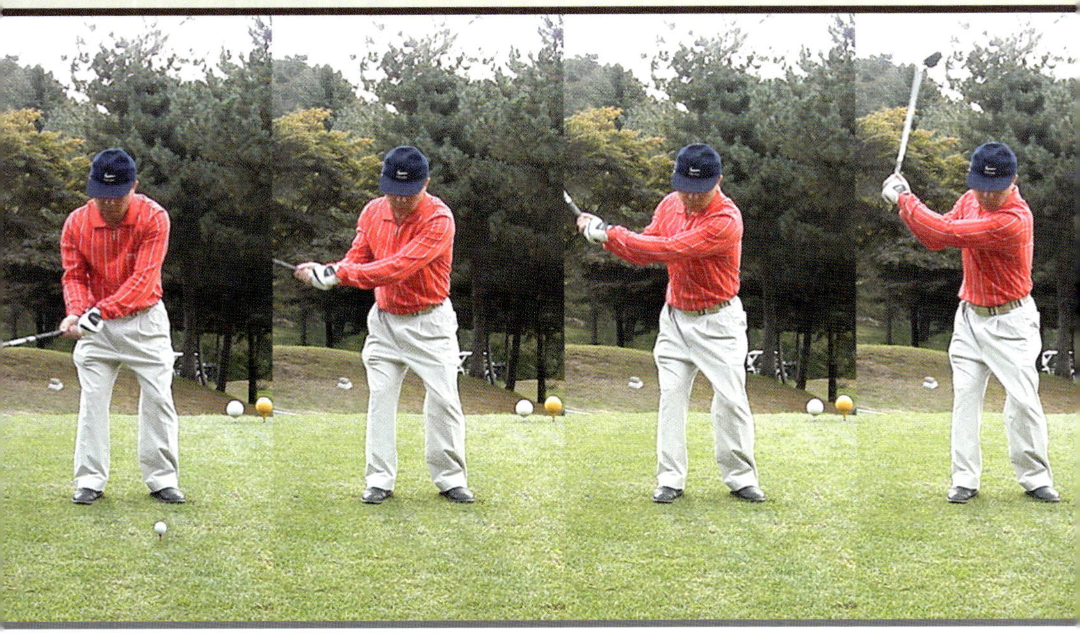

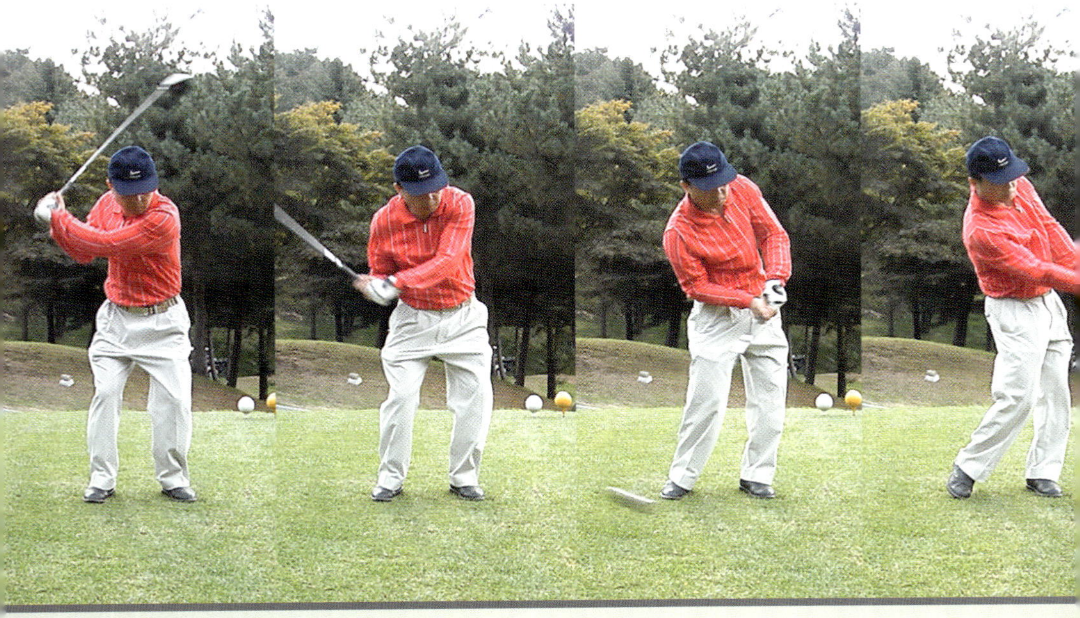

tee shot

fairway shot

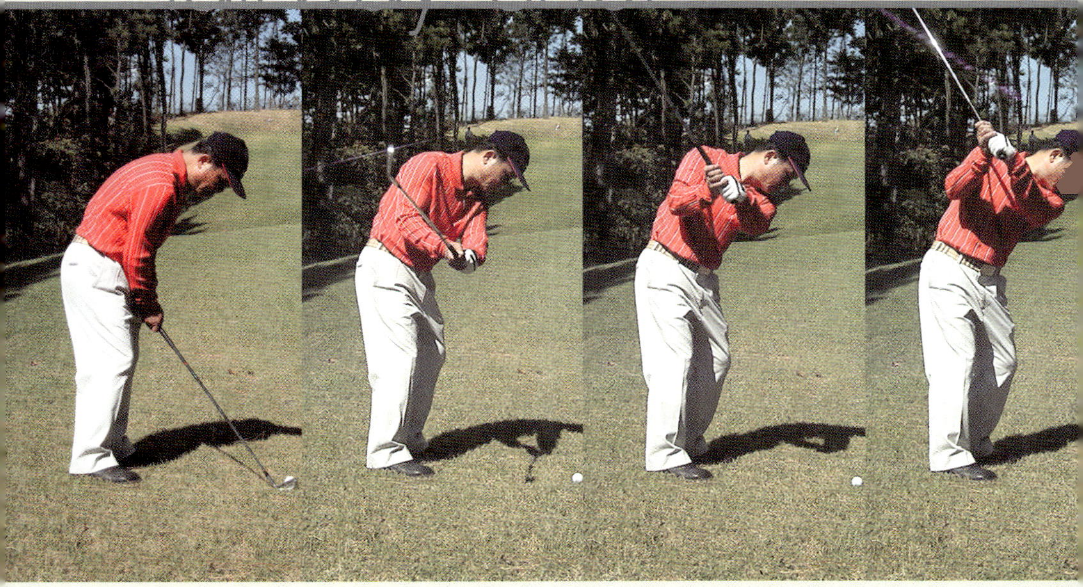

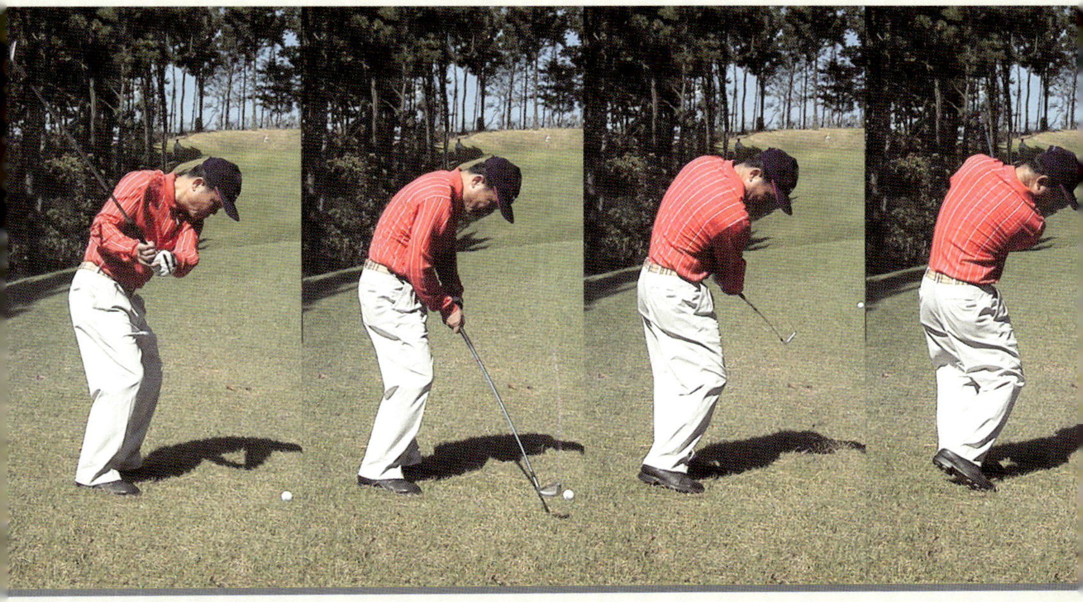

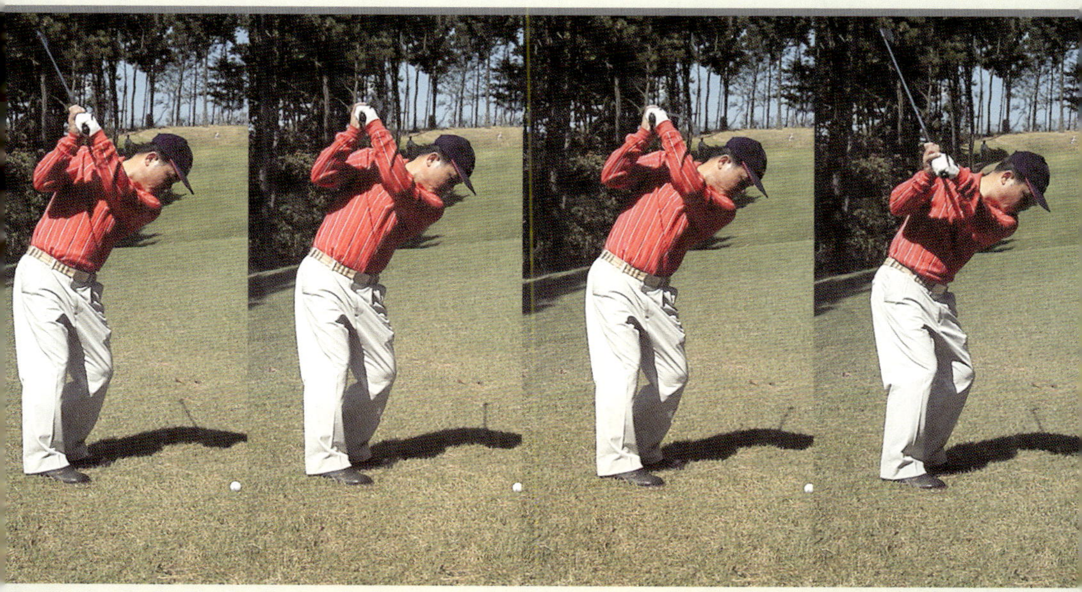

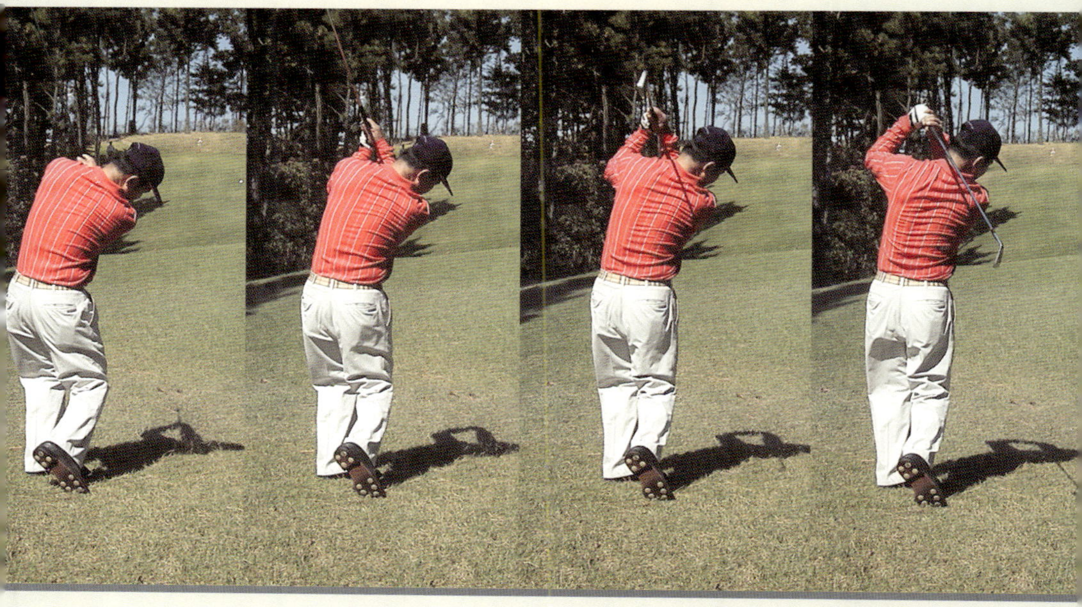

fairway shot

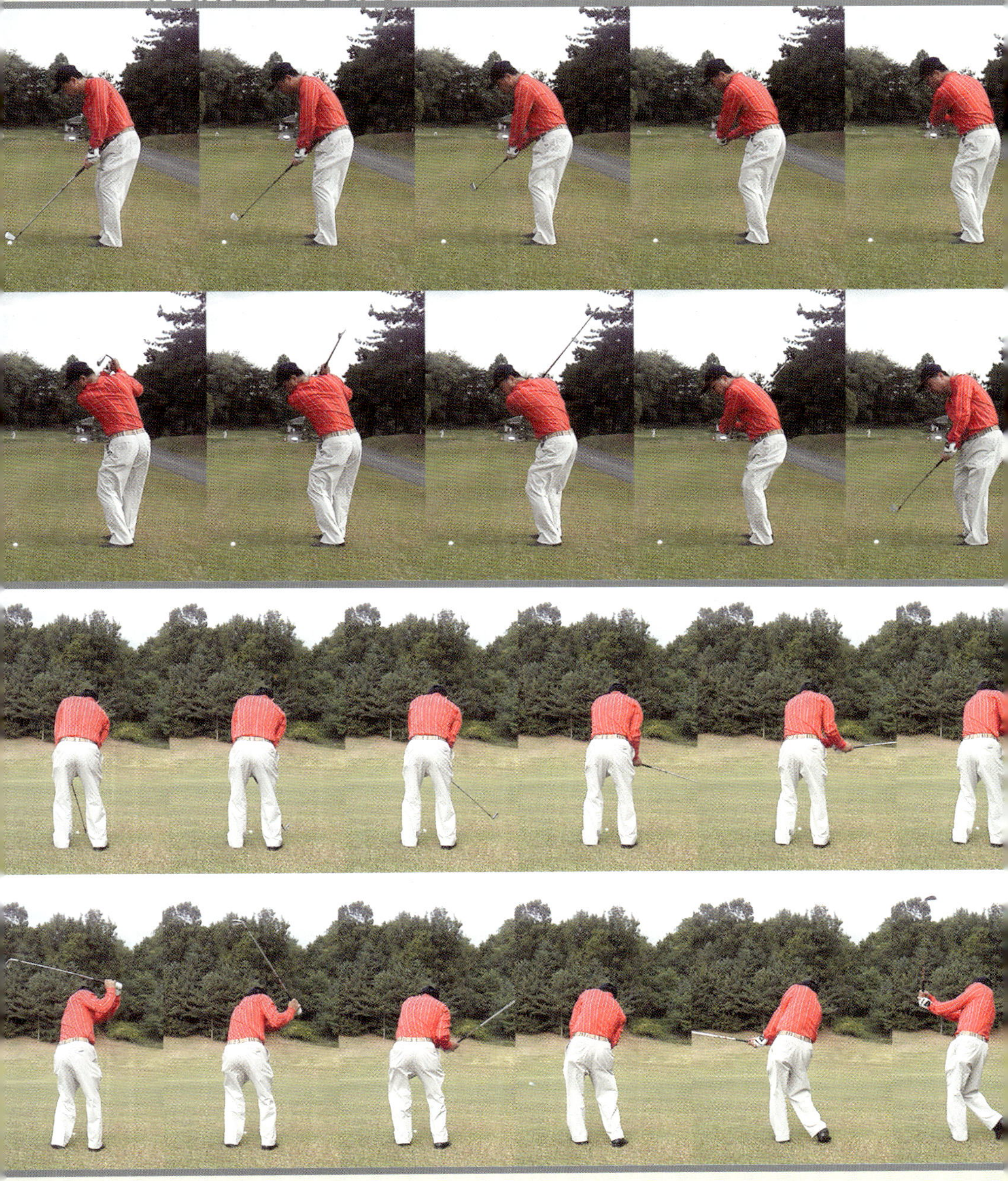

approach shot

베어그라운드 샷

한 때 국내 최다승 기록을 지닌 최상호 프로의 맨 땅에서의 연습 보도가 지면을 장식하기도 했는데 맨 땅에서의 스윙은 조금만 흐트러져도 곧바로 미스샷으로 이어지기 때문에 맨 땅에서 연습한 후 잔디에서 경기를 하게 되면 그야말로 '땅 집고 헤엄치기'가 된다.

잔디가 없고 지면이 노출되어 있는 곳에서는 전방이 경사로 되어있거나 핀이 가까운 곳에 있어도 볼을 높이 올려서 핀에 가까이 대려고 하다가는 자칫 '맨 땅에 헤딩'하는 낭패를 겪을 수가 있으므로 절대로 무리하지말고 로프트가 적은 아이언을 선택해서 철저하게 굴리기 작전을 취하는 것이 상책이다.

프로라면 사진과 같은 최악의 '맨땅 계곡'에서도 핀을 향해 공략할 수도 있겠지만 하이핸디의 골퍼라면 무조건 굴려서 바로 옆의 안전지대로 보내는 것이 상책이다.

rough shot

러프샷

러프에 볼이 빠지면 강하게 쳐야 러프를 탈출할 수 있는 것이 아닌가 하고 생각하는 사람이 있겠지만 러프에서 강타는 금물이다.

러프에서의 리커버리 샷은 매우 부드러운 스윙만으로도 좋은 결과를 가져온다.

특히 러프에서 그린을 노리는 샷은 소프트 터치로 쳐야 실수가 방지되고 그린에 낙하해서도 런이 적어진다.

러프에서의 부드러운 샷은 손목을 고정시키는 것이다. 즉 손목을 쓰지 않도록 하는 것이 포인트이다.

연못 넘기기

초보자는 그린 앞의 연못을 만나게 되면 불안감이 앞선다. 하지만 넋을 잃은 시선으로 연못에 정신이 빠져있으면 정말로 연못에 빠뜨리고 만다.

어드레스를 하고 목표를 볼때 연못을 보지말고 볼의 낙하지점을 볼 것. 볼의 비구선을 이미지하며 어드레스할 때도 볼의 낙하지점만 보도록 한다.

싱글로 가기 위한 실전골프가이드

초판 1쇄 발행 2010년 1월 15일
초판 2쇄 발행 2011년 4월 7일

글 한국레저연구회 ㅣ 사진 이종병 · 전유자
펴낸이 임용훈 ㅣ 펴낸곳 예문당

표지디자인 · 본문편집 솔잎테크
인쇄 (주)미성아트 ㅣ 표지인쇄 (주)예일정판 ㅣ 제책 (주)강원제책
출력 (주)해성문화사 ㅣ 제작 김성찬 ㅣ 마케팅 황정규 · 오미경

주소 130-800 서울특별시 동대문구 답십리2동 16-4호
☎ (02)2243-4333 · 4334 ㅣ FAX (02)2243-4335
E-mail master@yemundang.com
등록 1978년 1월 3일 제5-43호

본사는 출판물 윤리 강령을 준수합니다.